사랑한다, 독사의 자식들아

재생종이로 만든 책

사랑한다,
독사의 자식들아

지은이   김남국
초판 발행 2012년 12월 24일
21쇄 발행 2020년 1월 13일

등록번호   제3-203호
등록된 곳 서울시 용산구 서빙고로 65길 38 두란노빌딩
발행처   사단법인 두란노서원
영업부   2078-3333   FAX 080-749-3705
출판부   2078-3477

책 값은 뒤표지에 있습니다.
ISBN 978-89-531-1876-8   03230

편집부에서 독자의 의견을 기다립니다.
tpress@duranno.com   http://www.Duranno.com
Printed in Korea

두란노서원은 바울 사도가 3차 전도여행 때 에베소에서 성령 받은 제자들을 따로 세워 하나님의 말씀으로 양육하던 장소입니다.
사도행전 19장 8-20절의 정신에 따라 첫째 목회자를 돕는 사역과 평신도를 훈련시키는 사역, 둘째 세계선교(TIM)와 문서선교(단
행본·잡지) 사역, 셋째 예수문화 및 경배와 찬양 사역, 그리고 가정·상담 사역 등을 감당하고 있습니다. 1980년 12월 22일에 창
립된 두란노서원은 주님 오실 때까지 이 사역들을 계속할 것입니다.

* 본문에 사용된 사진의 저작권은 마커스 미니스트리(이영, 서찬극)에 있습니다.

성경이 말한다면 거침없이 말한다

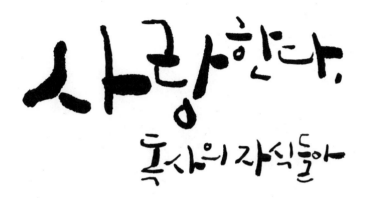

사랑한다,
독사의 자식들아

김남국 지음

두란노

진심과 열정보다 큰 열심

●

　김남국 목사님은 열심 있는 설교자입니다. 여기서 '열심'이라는 말은 진심과 열정보다 큰 것을 가리킵니다.

　설교란 하나님의 말씀인 성경을 풀어내는 일입니다. 그러나 이 일은 다만 통역이나 번역과 같은 것에 그치지 않습니다. 설교에는 설교자 자신의 실존적 증언이 들어있습니다. 하나님 말씀의 선포는 청중보다 잘 보이는 높은 곳에 자리한 설교자가 일방적으로 외치는 일이 아니기 때문입니다. 청중의 현실, 곧 청중이 경험하고 도전받고 씨름하는 그 현장에 동참해야만 설교자의 자격이 주어집니다.

　하나님의 사랑과 구원은 한 때에만 그치는 것이 아닙니다. 영원하신 하나님은 어느 시대 어느 환경도 그냥 지나치시지 않고 성실히 개입하시며 구체적으로 참여하십니다. 예수님의 성육신이 보여 주는 바와 같습니다. 말씀이 육신이 되어 우리 가운데 거하신 것은 은혜와 진리가 충만한 열심이었습니다.

우리 시대 우리의 자리에도 하나님은 찾아오시며 직접 개입하십니다. 이 일은 하나님께서 당신의 종을 세워 말씀을 증언하고 선포하게 하심으로 이루어집니다. 설교자에게 중요한 것은 입심 좋은 설득력이 아니라, 그보다 우선하여 찾아오시는 하나님의 진정성에 담긴 무게를 실감하는 일입니다.

김남국 목사님의 설교는 바로 이 초점을 분명하게 드러냅니다. 여기 지금 우리를 지키시고 인도하시는 신실하신 하나님의 임재를 김 목사님의 설교를 통해 확인하게 됩니다.

2012년 12월
남포교회 담임목사 박영선

물 한 컵과 휴지를 준비하세요

●

　살면서 배운 큰 교훈 중에 하나가 바로 "누구를 만나느냐에 따라 인생이 달라진다"는 것입니다. 특히 신앙생활에 있어서는 목사님과의 만남이 중요한 것 같습니다.

　김남국 목사님을 만난 건 제게 정말 큰 축복입니다. 처음 뵀을 때가 생각납니다. 매서운 눈초리에 순간 움찟하기도 했지만 짐짓 아닌 체하고 말씀을 가르쳐 달라고 부탁드렸습니다. 흔쾌히 응해 주셔서 얼마나 감사했던지요.

　그때 이후로 지금까지 매 같이 날카로운 눈으로 콕콕 집어낸 말씀을 우리 크리스천 연예인들에게 어미 새가 아기 새에게 먹이를 주듯 쏙쏙 집어넣어 주고 계십니다.

　목사님의 말씀에는 촉촉한 물기가 있습니다. 주님 앞에 무릎 꿇고 흘렸던 눈물이 있기 때문입니다. 오직 주님밖에 바라볼 데가 없었던 시절의 이야기를 듣노라면 가슴이 시려 오곤 합니다. 말씀 덕분에 살았고, 말씀 때문에 살고 있는 목사님이란 걸 알 수 있습니다.

이 책은 호텔로 치자면 7성급입니다. 하나님의 말씀을 삶으로 품었다가 풀어냈기 때문에 한 장 한 장이 그야말로 진주알과도 같습니다. 그런데 신기하게도 책장을 넘길수록 배가 부른 게 아니라 고파집니다. 영혼이 갈하고 마음이 가난한 자신을 발견하게 되기 때문입니다.

한 가지 팁을 드리자면 책을 읽기 전에 물 한 컵과 휴지를 준비해 두세요. 마음이 콕콕 찔릴 때 물 한 모금이 필요할 거예요. 물을 마시다가 웃음이 터지면 휴지가 필요하겠죠. 코끝이 찡하고 눈시울이 붉어질 수도 있어요. 그러니 휴지가 꼭 필요합니다.

책을 읽고 나면 저처럼 가만있을 수가 없게 될 거예요. 누군가에게 전달하지 않으면 입이 근질근질해질걸요. 서점에 달려가서 무슨 책을 읽을까 고민하는 이들에게 확 앵기고 싶어질 것입니다. 저처럼…….

개그우먼 이성미

목차

더디 가도 하나님의 길이기에 감사합니다

●

"맨 나중에 만삭되지 못하여 난 자 같은 내게도 보이셨느니라"
(고린도전서 15:8)

저는 더디 가는 것에 익숙한 사람입니다.

불교 집안에서 태어나 중3 때 처음 교회에 발을 디뎠으니 주님과의 만남이 모태신앙인들보다 한참 뒤졌습니다. 초등학교 4학년 때 공부에서 손을 놓은 뒤 고2 때는 전교 석차에서 맨 뒤를 왔다 갔다 했고 여느 친구들보다 한참 늦게 서른이 돼서야 신학교에 갔습니다. 이렇게 저는 남들보다 시간을 들여 천천히 가는 데에 익숙합니다.

성경 인물 중에 닮고 싶은 사람이 누구냐고 물으면 저는 야곱을 꼽습니다. 대부분 요셉, 모세, 사무엘, 다윗, 바울 등을 꼽지요. 솔직히 야곱은 별로 닮고 싶은 인물이 아니라고들 합니다. 워낙 파란만장한 인생을 살았으니까요.

장자의 축복을 얻고도 집을 떠나 밧단아람으로 향할 때 이미 일흔이 넘은 나이였습니다. 밧단아람에서도 무려 14년이 지나서야 사랑하는 여인 라헬을 완전히 아내로 맞이할 수 있었습니다. 마지막에는 그렇게 원하던 가나안 땅에서 살지 못하고 애굽에서 생을 마감해야 했습니다. 그래도 저는 야곱이 좋습니다.

어디가 그렇게 좋으냐고요? 남들보다 더디 가는 인생을 살았는데도 불구하고 누구보다 많은 축복을 나눈 인물이기 때문입니다. 아브라함, 이삭과 더불어 복의 근원이 되었기 때문입니다. 그가 받은 축복이 무르익는 데 시간이 필요했습니다. 더디 가는 듯 보이지만 그 더딘 시간 속에서 야곱은 이스라엘이 되었습니다.

만약에 하나님이 책을 낼 기회를 주신다면, 저는 둘로스바이블캠프에서 공부하면서 나눴던 창세기, 출애굽기, 룻기 같은 성경공부 시리즈를 내고 싶었습니다. 그런데 하나님은 제가 미처 생각지도 못했던 책을 먼저 내게 하셨습니다.

지난 몇 년간 마커스 목요예배모임에서 전했던 메시지를 오늘 당신과 나누고자 합니다. 세련된 문체는 아닙니다. 하지만 당신과 마주보며 진솔한 대화를 나누듯 쓰고 싶었습니다.

《사랑한다, 독사의 자식들아》라는 다소 센(!) 제목을 붙이게 되어 조금 걱정이 되기도 합니다. 그러나 이것은 하나님이 제게 먼저 들려주셨던 말씀입니다. 오죽하면 독사의 자식이라고 부르셨겠습니까. 그 사랑이 얼마나 절절하면 그럼에도 불구하고 사랑한다 고백하시겠습니까.

당신에게도 동일한 마음의 감동을 주시리라 믿습니다. 이 책을 읽는 동안 하나님의 마음에 귀 기울이는 시간이 되길 바랍니다.

책을 준비하면서 하나님의 마음을 다시 한 번 새기게 되어 감사합니다. 더디 가지만 바른 길로 가게 하심을 알기에 더욱 감사합니다.

저는 참으로 많은 은혜를 입은 사람입니다. 다음 시대를 이끌 청년들과 교제하고 말씀을 전할 수 있는 은혜를 입었습니다. 만삭되지 못하여 난 자와 같은 저를 설교자로 만드신 하나님입니다. 하나님이 누군들 만지지 못하시겠습니까? 독사의 자식이라도 절절하게 사랑하시는 하나님이 당신에게 세상이 알지 못하는 깊은 은혜를 채워 주시리라 믿습니다.

"하나님, 감사합니다!"

부족한 자가 전한 말씀을 책으로 나오게 해 주신 하나님께 먼저 영광과 감사를 올려 드립니다. 그리고 기도와 삶의 동반자인 주내힘교회 성도들에게 감사 인사를 전합니다. 둘로스와 마커스와의 연합 사역을 이해하고 기도로 힘을 더해 주시니 더욱 감사드립니다. 20년 가까이 함께해 온 둘로스선교회 지체들과 연합의 기쁨을 함께 나누고 있는 마커스 미니스트리 지체들에게도 깊은 감사를 드립니다.

제가 가장 큰 영향을 받은 믿음의 선배이자 스승이신 남포교회 박영선 목사님과 기도와 사역으로 함께해 주시는 이성미 집사님, 나중 된 자가 먼저 됨을 보여 주시고 있는 하희라 님, 10년지기 연합 사역자인 마커스 미니스트리의 김준영 대표, 언제나 한 호흡으로 함께 예배드리는 마커스 목요예배모임의 심종호 예배 인도자에게 마음 깊이 감사드립니다.

일일이 이름을 다 거론할 수 없어서 안타깝지만 제 마음을 아시리라 믿습니다. 하나님이 주신 사명대로 사람의 말 대신에 하늘의 소리를 내기 위해 함께 노력하고 있는 많은 동역자들, 청년들……, 감사합니다.

끝으로 지금까지 함께 달려온, 그리고 앞으로도 끝까지 함께 달려갈 사랑하는 아내에게 고마움을 전합니다.

2012년 12월
빛 좋은 날, 약수동에서
김남국 목사가 드립니다.

빈 들의 소리는
예수의 흔적이다

2011. 11. 10 마가스 목요예배모임

광야에서
울리는
하늘 소리

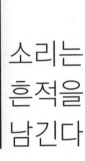

소리는
흔적을
남긴다

●

보라 하나님은 나의 구원이시라
내가 신뢰하고 두려움이 없으리니
주 여호와는
나의 힘이시며 나의 노래시며
나의 구원이심이라
이사야 12:2

종과
흔적이 만나
빈 들의 소리가 되다

"목사님, 시간 좀 내주시죠."

김준영 형제가 말을 걸어왔습니다. 사랑의교회 수양관에서 조용히 기도하는 시간을 갖고 있던 저를 찾아온 것입니다. 한국컨티넨탈싱어즈, 디사이플스 등 한국 CCM의 역사와 함께한 찬양사역자가 내게 무슨 볼일이 있을까 의아했습니다.

"문화에 기독교적 무늬는 있는데 정작 기독교적 마인드가 없는 것은 아닌가 하고 고민하곤 했습니다. 그러던 중에 하나님이 마음을 주셔서 다니던 직장을 내려놓고 새로운 사역을 준비하고 있습니다. 기도하던 중에 '연합'이란 마음을 주셨는데 둘로스선교회를 섬기시는 목사님 생각이 났어요."

"연합이라고요? 연합 사역이 얼마나 어려운지 알아요? 더 큰 목적을 위해 자기희생과 헌신을 하지 않으면 절대 할 수 없는 게 연합입니다. 숱한 연합들이 왜 깨지는지 아십니까? 서로 자기 이득을 챙기려고 하기 때문이라고요."

준영 형제가 그동안 품었던 고민과 생각들을 털어놓으며 찬양사역자들을 말씀으로 양육해달라고 부탁했습니다.

하지만 고백하건대, 저는 찬양사역자들을 별로 좋아하지 않았습니다. 찬양사역자라……, 글쎄요. 달란트가 있다고 다 사역자인가요? 사역자라면 '삶'이 있어야 하고 '훈련'이 있어야 하는데, 제가 보기엔 그냥 기타 치고 노래 부르는 사람들 같았습니다. 별로 엮이고 싶지 않을 만큼 탐탁지 않았습니다. 심지어 욕도 많이 했습니다.

그런데 저와 연합 사역을 하자고요? 말씀을 가르쳐 달라고요? 오, 노!

"기도해 볼게요."

에둘러 거절하는데 그 순간 하나님이 천둥소리로 제 마음을 치셨습니다.

"앞으로 찬양사역자 욕하지 마라. 도와달라고 청하는데 도와주지도 않으면서 무슨 자격으로 욕하느냐."

하나님이 말씀하시는데 어떻게 순종하지 않을 수가 있습니까. 바로 말을 바꾸어서 마커스 팀을 가르치기로 약속했습니다.

그렇게 해서 하나님의 종, 둘로스선교회와 예수님의 흔적, 마커스 미니스트리의 연합 사역이 시작되었습니다. 매주 하루 2시간 반씩 말씀 공부를 하기로 했습니다. 그러나 제가 원치 않았던 사역이지요.

찬양사역자들이 영적으로 바로 설 수 있도록 돕기 위해 만난 자리인데도 불구하고 저는 처음 몇 주 동안은 계속해서 욕만 퍼부어 댔습니다. 그런데 이게 웬일입니까. 파르르 떨면서 반항할 줄 알았는데 순순히 아멘 하고 받는 것입니다.

'어라? 어디까지 아멘 하는지 보자.'

이전보다 더 퍼부어 댔습니다. 한 10주 정도 욕하고 나니 더 이상 할 욕이 없었습니다. 그래도 여전히 "아멘!" 하고 받는 마커스를 보면서 마음이 움직였습니다.

'뭐 이렇게 훌륭한 사람들이 다 있나.'

다윗과
나단처럼
연합하다

찬양사역자들을 다시 보게 된 저는 온 마음을 다해 그들을 가르치기 시작했습니다. 그리고 세 가지 약속을 하자고 했습니다.

첫째, 주일에는 찬양 사역을 하지 않기.

둘째, 말씀 교육을 체계적으로 받기.

셋째, 콘서트가 아닌 예배를 드리기.

모두가 한 마음이 되니 연합 사역에도 기름 부으심이 있었습니다.

"우리 교회에는 마커스 같이 실력 있는 찬양팀이 없어요" 하며 아쉬워하는 분들이 있는데, 대한민국 어느 교회에도 마커스는 없습니다. 왜 없는 줄 아십니까? 각자 섬기는 교회가 따로 있기 때문입니다. 마커스 식구들은 모두 주일에 각자 섬기는 교회에서 예배에 집중합니다.

깊이 있는 말씀 훈련을 위해서 '둘로스 바이블캠프'와 '둘로스 훈련학교'를 만들어서 1년 6개월씩 훈련 받도록 했습니다. 그리고 진정한 예배를 드릴 수 있도록 말씀은 둘로스, 찬양은 마커스가 맡아서 진행하기로 했습니다.

10년 가까운 시간 동안 둘로스선교회와 마커스 미니스트리가 서로 부대끼면서 온전한 연합공동체가 되기 위해 노력해 왔습니다. 누구도 제대로 경험해 본 적 없는 연합 사역을 이렇게 오랫동안 하고 있는 걸 보면 우리가 제대로 된 길을 가고 있긴 한가 봅니다.

당신의 가정과 당신의 교회가 왜 지옥이 되는 지 아십니까? 누가 더 큰가 서로 겨루기 때문에 그렇습니다. 온전한 연합을 위해서는 서로 상대를 세워주고 진리와 본질의 문제가 아니면 양보해야 합니다. 철저하게 양보하고 섬겨야만 지옥이 아닌 하나님 나라를 살게 됩니다.

누군가가 묻더군요.

"마커스의 리더가 대체 누구입니까? 김남국 목사입니까 아니면 김준영 대표입니까?"

분명히 말합니다. 마커스의 리더는 하나님이십니다.

마커스 미니스트리의 김준영 대표와 둘로스선교회의 김남국 목사는 다윗과 나단의 관계입니다. 마커스는 찬양을, 둘로스는 말씀을 맡았습니다. 저는 찬양에 대해서는 일절 감 놔라 배 놔라 하지 않습니다. 하지만 말씀을 바탕으로 영적인 부분에 있어서는 쓴 소리도 마다하지 않습니다. 마커스도 마찬가지로 설교에 대해서는 일체 관여하지 않습니다. 마커스의 운영도 독자적으로 합니다. 그 덕분에 아직까지는 연합 사역을 잘하고 있는 것 같습니다.

저는 마커스를 사랑합니다. 이제는 찬양사역자들을 존경합니다. 독하게 훈련받고, 순수하게 헌신하는 모습이 아름답습니다.

'내가 내 몸에 예수의 흔적the Marks of Jesus을 가졌노라(갈 6:17)'라는 말씀에서 마커스Markers가 나왔습니다. 예수의 흔적이 어디 그렇게 쉽게 만들어집니까?

눈물을 흘려야 합니다. 대가를 치러야 합니다. 고통을 짊어져야 합니다.

문화는 개인의 삶과 세대와 시대에 두루 영향력을 끼칩니다. 그래서 문화의 회복이 없이는 신앙 또한 온전해지기가 힘듭니다. 문화를 혼자 만들 수 없듯이 함께하는 연합을 통해 문화 속에 하나님의 뜻을 드러내는 일이 중요합니다.

저는 "말씀을 듣고 은혜 받았습니다"라는 말을 싫어합니다. 말씀을 듣고 은혜 받았다면 말씀대로 살겠다는 다짐이 있어야 합니다. "내가 듣고 싶은 말을 들어서 만족스럽다"가 아니란 말입니다. 그래서 저는 이 말이 싫습니다.

설교를 들을 때 '아, 안타깝다. 이 얘기는 걔가 들어야 하는데……' 하고 생각할 때가 있지요? 당신이나 은혜 받으십시오. 다른 사람 생각할 틈이 어디 있습니까?

마커스와 김남국은 이 시대의 빈 들에 서서 하나님이 주시는 소리를 내는 자들입니다. 마커스는 아름다운 소리로 찬양을 올리지만 저는 귀에 쓴 소리를 퍼붓습니다. 마커스의 찬양도 저의 쓴 소리도 모두 하나님이 주신 소리입니다. 들리는 소리는 다르지만 그 안에 담긴 하나님의 음성은 하나입니다.

"너를 사랑한다."

그래도
이유가
있겠지

제 방 벽에 표창패가 하나 걸려 있습니다. 목사 안수증? 어디에 있는지 모롭니다. 강도사 인허증? 그것도 어디에 있는지 모릅니다. 이런저런 상장들? 다 필요 없습니다. 그러나 이 표창패 하나만큼은 매일 쳐다보고 또 봅니다.

20년 전에 노회에서 받은 〈주일학교 교사 10년 근속패〉입니다. 과연 10년 근속이 쉬웠을까요? 쉽지 않았습니다. 군대도 안 갔다 왔느냐고요? 단기사병으로 집에서 출퇴근했습니다.

저는 20대를 매우 불우하게 보냈습니다. 하루하루가 살아내기에 벅찼습니다. 차비가 없어서 집에서 교회까지 2시간 동안 걸어가기도 했습니다. 아침 8시 교사 모임에 참석하려면 새벽 6시에는 집을 나서야 했습니다. 예나 지금이나 아침에는 맥을 못 춥니다. 그래도 할 수 없습니다. 어떻게든 일어나서 걸어야 했습니다. 가까운 교회로 옮기지 그랬느냐고요? 하나님이 그 교회를 다니게 하신 데에는 그만한 이유가 있을 거라고 생각했습니다. 그래서 꾀부리지 않고 무조건 다녔습니다.

10년 근속패가 왜 소중한지 아십니까? 그 안에 많은 것들이 담겨 있기 때문입니다. 하루하루 사는 것도 벅찬데 주일학교 교사를 때려치울까 하는 갈등과 어떻게든 직분을 감당하려고 몸부림치며 드렸던 기도가 뒤범벅되어 들어 있기 때문입니다. 눈물과 헌신이 담겨 있기 때문입니다. 인생의 가장 밑바닥을 살았던 그때에 하나님을 붙잡았고, 하나님이 제게 맡기신 것을 감당하기 위해 땀과 눈물을 흘렸기 때문입니다. 천국에 가면 다른 건 몰라도 하나님이 그 시절만큼은 기억해 주실 것 같기 때문입니다.

제가 하나님의 뜻을 이해해서 그렇게 한 줄 아십니까? 아니요, 이해하지 못했습니다. 별안간 집이 망했습니다. 하나님이 분명히 주일학교 교사로 부르셨는데 수중에는 교회에 갈 차비조차 없었습니다. 이해 못했습니다. 이해해서 순종했던 게 아닙니다. 그래도 이유가 있겠지 하면서 새벽길을 걸었고 맡은 일에 충성을 다했습니다.

그 어린아이 같은 순종 덕분에 신앙이 자랐고, 오늘날 하나님의 사람으로서 살 수 있게 된 것입니다.

그러니 상황이 어떻다느니 형편이 어떻다느니 칭얼대지 마십시오. 하나님이 당신의 상황과 형편을 모르십니까? 몰라서 못 도와주십니까? 능력이 없어서 안 도와주십니까?

열일곱이 넘었으면 '쓴 뿌리'라는 말을 쓰지 마십시오. 요셉이 형제들에 의해 인신매매 당했던 게 열일곱 살이었습니다. 형제들에게 인신매매 당해 본 적 있습니까? 없다면 쓴 뿌리 얘기는 하지도 마십시오. 열일곱 소년 요셉도 견뎌 냈습니다. 어떻게요? 하나님이 허락하셨다면 다 이유가 있겠지 하고 믿었으니까요.

당신에게 일어난 일들, 처해 있는 상황……, 모두 이유가 있습니다. 당신이 주님 안에 있다면 당신 삶에 주님의 이유가 있는 것입니다.

주님
말씀이
옳습니다

저는 목사로 부르심을 받았을 때 마음이 굉장히 힘들었습니다. 하나님의 응답을 받았지만 힘든 건 힘든 겁니다. 우선 저는 양복 입기를 싫어합니다. 넥타이 매는 게 너무 싫습니다. 몸에 열이 많아서 팔을 걷어붙이고 옷깃을 풀어 줘야 하는데 넥타이를 매고 있자니 답답해서 견딜 수가 없습니다. 주님이 저를 목회자로 부르지 않으셨다면 대학도 안 가고 장사나 하면서 떠돌아다니며 자유롭게 살았을 것입니다.

게다가 몸은 허약체질인데 기질은 무척 강하게 태어났습니다. 그렇게 가난하고 힘들게 살았는데도 불구하고 이렇게 살아있는 걸 보면 참 센 놈입니다. 오죽하면 누구는 고등학교 졸업하자마자 목회하라고 일찌감치 신학교에 보내시는데 저는 10년 동안 굴리고 밟으신 다음에 보내 주셨겠습니까. 그만큼 세다는 거죠.

그런데 문제는 강한 기질도 아니고 양복 입기도 아닙니다. 목회자라면 영혼을 사랑하는 마음이 있어야 하는데 도저히 사랑할 수 없으니 큰 문제입니다.

지금도 거울을 볼 때마다 소스라치게 놀라곤 합니다. 웬 마귀새끼가 거울 속에 있기 때문입니다. 그래서 거울보기가 부끄러울 때가 있습니다. 진심입니다. 하나님 앞에서 내 얼굴을 보는 게 이렇게 부끄러운데 어떻게 다른 영혼을 사랑할 수가 있겠습니까.

그래서 하나님께 무릎 꿇고 기도합니다.

"하나님! 제가 주님 앞에 세 가지 기도 제목을 놓고 평생 기도합니다. 다른 건 몰라도 이 세 가지만은 꼭 들어주십시오."

첫째, 제게 사랑이 없습니다. 영혼을 사랑할 수가 없습니다. 이런 자가 어떻게 목회를 합니까? 저는 결혼도 하지 않으려고 했습니다. 어떻게 한 여자를 평생 사랑합니까? 내 사랑으로는 자신이 없습니다. 차라리 안 하는 게 낫다고 생각했습니다. 한 여자를 사랑할 자신도 없는데 어떻게 영혼들을 사랑한단 말입니까.

제게 없는 사랑을 하나님께 구합니다. 김남국의 사랑이 아니라 하나님 아버지의 사랑, 아버지의 마음을 구합니다. 그것 없이는 제가 살 수 없기 때문입니다.

둘째, 저는 교만한 사람입니다. 얼마나 교만한지 모릅니다. 주님이 날리시는 한 방에 날아갈까 봐 두렵습니다. 저는 교만한 사람은 금방 알아봅니다. 제 안에도 교만이 있기 때문입니다.

그래서 저는 신유 은사 같은 건 구하지도 않습니다. 그것까지 있으면 가뜩이나 교만한 사람이 얼마나 방방 뜨겠습니까.

마지막으로 주의 말씀만 제게 은혜가 되고 주의 말씀만이 제 심장이 되고, 주의 말씀만을 평생 전하는 목사가 되게 해 달라고 기도합니다.

당신은 당신의 마음으로 사랑할 수 있던가요? 저는 못합니다. 제 눈으로 영혼을 바라보면 판단만 나옵니다.

언젠가 어떤 성도를 보고 속으로 '성도라면서 어떻게 저럴 수가 있어?' 하고 혀를 끌끌 찬 적이 있습니다.

그때 하나님이 제게 보여 주신 것이 있습니다. 방황할 때의 제 모습이었습니다. 그리고 세미한 음성으로 이렇게 말씀하시는 것 같았습니다.

"성도들이 그때 네 모습을 본다면, '목사가 될 사람이라면서 어떻게 저럴 수가 있어? 어떻게 저런 놈이 목사가 되었을까?' 하고 생각할 거다. 너랑 똑같이 말이다. 내가 너를 지었듯이 그도 내가 지었다. 네가 할 일은 나의 마음으로 그를 위해 기도하는 것이지 판단하는 것이 아니다. 너는 재판관이 아니지 않니?"

'옳습니다. 주님 말씀이 옳습니다' 하고 고개를 숙였습니다.

주님의 음성이 그렇게 제 가슴에 흔적을 남겼습니다.

그 흔적 덕분에 주 여호와는 힘이요 노래요 구원이라고 당신에게 전할 수 있는 것입니다.

광야의 소리는 주님의 길이다

디베료 황제가 통치한 지 열다섯 해 곧 본디오 빌라도가 유대의 총독으로,
헤롯이 갈릴리의 분봉 왕으로, 그 동생 빌립이 이두래와 드라고닛 지방의
분봉 왕으로, 루사니아가 아빌레네의 분봉 왕으로,
안나스와 가야바가 대제사장으로 있을 때에
하나님의 말씀이 빈 들에서 사가랴의 아들 요한에게 임한지라
요한이 요단 강 부근 각처에 와서 죄 사함을 받게 하는 회개의 세례를 전파하니
선지자 이사야의 책에 쓴 바 광야에서 외치는 자의 소리가 있어 이르되
너희는 주의 길을 준비하라 그의 오실 길을 곧게 하라 모든 골짜기가 메워지고
모든 산과 작은 산이 낮아지고 굽은 것이 곧아지고 험한 길이 평탄하여질 것이요
모든 육체가 하나님의 구원하심을 보리라 함과 같으니라
누가복음 3:1-6

끔찍한 시대
한복판에
세례요한을 세우시다

누가복음 3장 1절에서 6절 말씀은 이 시대에 하나님 앞에서 어떻게 살아야 할까 하고 고민하는 가운데 하나님께 받은 말씀입니다.

세례요한의 시작을 이야기하는데 참 복잡합니다. 디베료 황제는 로마의 초대 황제인 가이사 아구스도의 뒤를 이어서 제2대 황제가 된 사람입니다. 우리가 잘 아는 본디오 빌라도가 유대 총독으로 있을 때였습니다. 유대인들이 유대 분봉왕이었던 헤롯 아켈라오를 부도덕하고 잔인한 인물이라고 로마에 고발해서 로마제국이 그를 추방시키고 총독을 파견하기 시작했는데 예수님 시대의 총독이 바로 본디오 빌라도입니다.

당시 이스라엘은 네 구역으로 나뉘어 로마 총독과 세 명의 분봉왕이 다스리고 있었고 대제사장이 두 명이었습니다. 원래는 한 명의 대제사장이 죽을 때까지 직임을 맡아야 합니다. 그런데 그때는 장인과 사위 관계인 안나스와 가야바가 대제사장직을 함께 맡고 있었습니다. 한 교회에 사위 담임목사와 장인 원로목사가 군림하는 것과도 같습니다. 그때나 지금이나 정치적 야심과 종교적 타락 때문에 이런 일들이 벌어집니다.

이처럼 당시 이스라엘의 정치적 상황과 종교적 상황은 지금 우리가 겪고 있는 것과 별로 다르지 않았습니다. 몹시 혼란스러웠습니다. 로마제국은 날로 이스라엘에 대한 통치를 강화하고, 하나님과 상관없이 사는 유대인 분봉

왕들은 난폭하기 그지없고, 종교 지도자들은 자기 권력만 추구하는 끔찍한 시대였습니다.

바로 그런 때에 빈 들에 하나님의 말씀이 임했습니다.

그런데 왜 하필 빈 들일까요? 저는 이 말씀을 읽을 때마다 하나님께 볼멘소리로 질문하곤 했습니다.

"하나님, 왜 이래야만 합니까? 모세는 광야, 세례요한은 빈 들……. 왜 늘 아무도, 아무것도 없는 허허벌판에서 시작하게 하시나요? 왕궁에서 시작하면 안 됩니까? 사람들이 많은 곳에서 시작하면 안 됩니까?"

생각할수록 불만이었습니다.

게다가 세례요한은 자신을 광야에서 외치는 자의 소리라고 주장합니다. 이것도 마음에 안 들었습니다. 왜 하필 '소리'입니까? 광야에서 번뜩이는 '번개'라든지, 광야에서 우르르 쾅쾅 울리는 '천둥'이라든지 '폭풍', '지진' 등등 많지 않습니까? 광야에도 뭔가 멋있어 보이고 힘 있는 것들이 얼마든지 있잖아요. 그런데 천지를 흔드는 선포도 아니고 세상을 뒤엎는 고함도 아니고, 고작 소리라니요.

**죽이는 설교는
가슴에서
나온다**

전도사 시절에 약 10년 동안 둘로스선교회와 함께 섬 전도 여행을 다녔습니다. 4년 동안 40명이 서해안 연평도를 방문했고, 5년 동안 70명이 남해안 거금도를 방문했습니다. 당시 연평도에는 교회가 한 곳밖에 없었지만 거금도에는 스물한 곳이나 있었습니다. 우리는 이들 교회를 대상으로 교회학교 연합수련회를 유치부, 아동부, 중고등부로 나눠서 진행하고 섬사람들에게 전도하곤 했습니다. 열정이 끓어 넘쳤습니다.

어느 날 거금도로 내려가는 길에 열심히 설교 준비를 하는데 그날따라 성경 본문이 기막히게 잘 풀렸습니다. 그 당시 생각으로는 감히 전도사가 풀 만한 말씀이 아니었습니다. 하나님의 특별한 은혜를 받았거나 영안이 열린 사람만이 할 수 있는 해석 같았습니다.

"야, 이거 죽이는데! 역시 하나님을 위해 애쓰고 살아가는 자에게 보너스가 주어지는구나."

전율로 손이 바르르 떨리면서 가슴에 자부심이 차올랐습니다.

섬에 도착해서 서울서 가져간 책을 꺼내 읽었습니다. 제가 평소에 이 시대 최고의 설교가라고 생각하는 남포교회 박영선 목사님의 설교집이었습니다. 그런데 그분의 책에 제가 기막히게 풀어내서 스스로 감동했던 부분이 그대로 나와 있는 것이 아니겠습니까. 언젠가 그 말씀을 가지고 설교하면 사람들이 다 놀라자빠지겠지 하고 상상하며 즐거워했는데 이미 저보다 먼저 해낸 분이 있다니 놀랍기도 하고 낙심되기도 했습니다. 어깨가 축 늘어졌습니다.

'성경 공부를 아무리 열심히 하면 뭐해? 유명한 목사님들이 이미 다 풀어놓았다면 내가 할 일이 뭐 있어. 에이, 차라리 그분들 설교집을 찾아 읽는 게

더 빠르겠다. 공부할 필요가 없네, 없어.'

저는 죽어라 열심히 말씀을 팠는데 이미 책에 나와 있는 내용이라니 이보다 더 실망스러운 일이 어디 있겠습니까. 아무래도 나는 죽어라 열심히 해도 안 되는 사람인가 보다 하고 생각했습니다. 그러니 앞으로 공부를 해야 하나 말아야 하나 고민이 되었습니다. 생각에 잠겨 휴게소 계단을 오르는데 하나님이 제 마음에 이렇게 말씀하시는 것 같았습니다.

"어이, 김남국! 박영선 목사는 누가 지었지?"

"하나님이요."

"김남국 전도사는 누가 지었지?"

"하나님이요."

"그래, 이놈아."

하나님은 듣는 사람의 성품에 따라 말투도 바꾸십니다.

"박 목사도 너도 다 내가 지었는데 너는 지금 누구를 보고 있는 거냐?"

아차, 싶었습니다. 저도 모르게 사람과 비교하고 있었던 것입니다.

하나님의 말씀은 누구나 풀 수 있습니다. 그러나 다 똑같이 전하는 건 아닙니다. 그렇다면 '나의 설교'는 무엇일까 곰곰이 생각했습니다.

결론은 '가슴의 설교'였습니다. 불교 집안에서 자란 제가 하나님을 믿었습니다. 눈물 흘리며 인생의 바닥을 힘들게 지날 때 하나님의 말씀은 제게 단순한 지식의 말씀이 아니었습니다. 제 삶 속에서 역사하며 저를 변화시켰습니다. 저는 진짜 살아있는 하나님의 말씀을 목격한 사람입니다. 저는 제가 살아

온 삶 속에서 만난 하나님을 전하면 됩니다. 제 가슴속에서 끓고 있는 하나님
에 대한 열정을 담아 살아계신 하나님을 전하자고 마음먹었습니다. 이론적인
설명이나 개념 정리는 다른 사람들보다 못할지 모르지만 '내가 만난 하나님'
에 대해서만큼은 자신 있게 전할 수 있을 것 같았습니다.

광야의
소리인가,
바벨탑인가

그때부터 저는 가슴으로 설교하고 있습니다. 제 설교는 고상하거나 아름
답지 않습니다. 투박하기가 이를 데 없고 욕과 비속어가 난무합니다. 한 마디
로 셉니다. 가슴 속에 불이 활활 타오르기 때문입니다.

그런데 그렇게 열의를 다해 성도를 잡아먹을 듯이 말씀을 전하면서 발견
한 사실이 하나 있습니다. 아무리 몇 시간을 기도하고 준비해서 목에 핏대를
세워 가며 말씀을 전해도 성도가 안 변한다는 것입니다.

'아, 안 변하는구나……'

탄식하고 있을 때 하나님이 제게 말씀을 주셨습니다.

"광야에서 외치는 자의 소리가 있어 이르되 너희는 주의 길을 준비하라"

(누가복음 3:4).

'나는 소리에 불과하구나! 아무리 준비하고 아무리 노력하고 아무리 발버 둥 쳐도 내가 사람을 변화시킬 수는 없는 거로구나. 그런 거였어.'

그동안 저는 단단히 착각하고 있었던 것입니다. 많이 기도하면, 많이 준비 하면, 최선을 다하면 될 줄 알았습니다. 그런데 그렇게 열의를 갖고 열심히 했던 게 결국은 '김남국의 바벨탑 쌓기'였다는 것을 알았습니다. '내가' 기도 하고, '내가' 준비하고, '내가' 최선을 다한다는 생각이 중심에 가득했던 것입 니다. 그때서야 깨달았습니다. 왜 '광야에서 외치는 소리'여야 하는지…….

'아, 나는 광야에 외치는 소리에 불과하구나. 하나님이 나를 통해 하시고자 하는 말씀을 소리 내어 말하기만 하면 되는 거구나. 소리의 역할을 잘 감당하 는 게 내 할 몫이고 내 갈 길이구나.'

그러고 보니 세례요한이 다르게 보였습니다. 세례요한이야말로 철저하게 '광야의 외치는 자의 소리'로서 살았던 사람입니다. 자신의 사명을 감당하기 위해 서른 살이 되기까지 빈 들에서 살았습니다. 허름한 낙타 털옷을 입고 메 뚜기와 석청을 먹고 살던 그는 목청이 터져라 "회개하라 천국이 가까이 왔느 니라"(마 3:2) 하고 소리쳤습니다. 그리고 예수님보다 앞서 짧은 생을 마감했습 니다.

세례요한은 줄곧 예수님은 흥하고 자신은 쇠하여야 한다고 생각했던 사 람입니다. 그는 처음부터 자신의 사역이 '실패'할 사역임을 알고 있었습니다. 망할 줄 알고 시작한 사역입니다. 사역자라면 시대를 변화시키겠다는 큰 비 전을 품고 비장하면서도 희망에 찬 뭔가를 꿈꾸기 마련인데, 세례요한은 쇠하려고 시작했다니 말이 됩니까?

세례요한도 따르는 제자들이 제법 많았으니 스스로 무리의 지도자가 되어 힘을 과시했더라면 그렇게 비참하게 죽지는 않았을 것입니다. 그러나 그는 광야의 소리일 뿐 어떤 권력도 갖지 못했습니다. 아니, 갖지 않았습니다. 그는 자기의 힘을 온통 '외치는 자의 소리'에 집중했던 데다가 언제든 하나님의 때가 오면 사라질 각오를 하고 있었기 때문입니다.

**초라하고
더뎌 보여도
고go!**

목사로서 가끔씩 회의를 느낄 때가 있습니다. 10년 전이나 지금이나 설교를 준비하는 제 뜨거운 마음은 여전한데 듣는 성도들의 미지근한 태도 또한 여전하기 때문입니다.

어떤 면에서는 10년 전의 설교가 지금보다 훨씬 더 나았을지도 모릅니다. 별로 유명하지 않았을 때라 마커스 예배모임에 고작 40명 정도가 모이곤 했는데 제게는 그 40명이 모두 하나님이 준비하신 이 시대의 사도처럼 보였습니다. 그래서 한 사람, 한 사람 얼굴을 쳐다보면서 정신 나간 사람처럼 고래고래 소리 지르며 말씀을 전했습니다.

사람들이 많이 오든지 말든지 말씀을 전할 수 있을 때 무조건 외친다는 마음이 있었습니다. 설교가 방송을 타기 전이라 누가 제 설교에 대해 악성 댓

글을 달까 하는 걱정도 없었습니다. 와서 설교를 듣고 마음에 안 들면 "에이, 씨" 하고 나가버리라지 하는 배짱이 있었습니다. 그래서 지금보다도 훨씬 욕도 많이 하고 거칠었습니다.

그러나 이제는 마커스가 유명해지니까 덩달아 제 설교도 유명해져서 많은 사람들이 듣고 있습니다. 그래도 여전히 사람들은 말씀 듣기를 즐겨하지 않는 것 같습니다.

어느 날 우리 집 큰아들이 하루아침에 모범생으로 바뀌어서 무슨 일이 있느냐고 물었습니다.

"응, 아빠. 학교에 대大선배님이 오셨었거든."

"대선배님? 연세가 얼마나 되셨는데?"

"스물여섯."

아이의 말을 들어보니 신학대학에 다니는 선배가 학교에 와서 얘기하다가 "마커스 지도 목사인 김남국 목사님께서 말씀하시길……" 하고 말하더랍니다.

"아빠가 좀 유명한가 봐. 우리 대선배님이 아빠의 이름을 다 아시더라고."

제 말을 좀체 듣지 않던 녀석이 스물여섯 살 대선배의 말을 듣고 나서야 아빠의 말을 권위 있는 말로 듣습니다. 속상하고 답답했습니다.

아무리 지랄해도 안 듣는 성도들 생각이 났습니다. 제가 전하는 말이 옳다면 하나님이 교회를 쑥쑥 키워 주시거나 능력을 팍팍 부어 주시면 얼마나 좋습니까? 제가 "회개하라, 천국이 가까이 왔느니라!" 하고 부르짖는데 "듣기 싫어요" 하고 나가 버리는 사람에게 벼락이 떨어지거나 해야 사람들이 제 말을 들어주지 않겠습니까? 말씀을 꼭 읽으라고 핏대 세워 가며 만날 부르짖는데도 일 년에 한 번도 안 읽는 성도는 머리가 다 빠져 버리는 일이 있어야 하지 않겠습니까? 회개하고 말씀을 읽기 시작하면 머리가 다시 나기로 하면 좋잖아요.

이 정도 능력은 보여 줘야 하지 않을까요. 표적이 눈에 보이는데 말씀을 안 읽을 사람이 어디 있겠습니까? 능력을 보여 주면 쉬울 텐데……, 말씀은 옳게 전해도 능력은 일어나지 않습니다.

사람이 자신을 증명하는 방법에는 두 가지가 있다고 합니다. 하나는 능력을 보여 주는 것이고 또 하나는 삶의 모습을 보여 주는 것입니다.

세례요한은 어땠을까요?

"많은 사람이 왔다가 말하되 요한은 아무 표적도 행하지 아니하였으나 요한이 이 사람을 가리켜 말한 것은 다 참이라 하더라 그리하여 거기서 많은 사람이 예수를 믿으니라"(요한복음 10:41-42).

세례요한에게도 표적이 없었습니다. 무시당하고 외면당하고 오해받으면서도 광야에서 외치는 자의 소리에 불과한 삶을 살았습니다.

"세례요한의 말이 맞아. 그런데 왜 아무런 능력도 안 보이는 거야? 왜 주위에 한 사람도 없는 거냐고."

별별 소리를 다 들으면서도 자신의 길을 묵묵히 걸어갔습니다.

그렇습니다. 세례요한은 삶의 모습을 보여 주는 것으로 자신을 증명했습니다. 그는 기이한 표적을 행한 적이 없습니다. 왜 그랬을까요?

사람들의 시선이 자기에게 집중될까 봐 걱정했기 때문에 그랬다고 생각합니다. 그는 자기에게 이목이 집중되는 것을 원치 않았습니다. 그는 스스로를 쇠하여야 할 존재라고 여겼습니다. 이제 곧 임할 하나님 나라에 인간적인 불순물이 조금이라도 섞이는 것을 원치 않았습니다. 그에게 사람의 이름, 사람의 능력, 사람의 명예 따위는 모두 불순물일 뿐이었습니다.

세례요한은 오직 하나님 나라만을 전하며 온전하고 진실된 삶을 살려고 노력했습니다. 비록 오해 속에 살더라도 말입니다. 비록 비참한 죽음으로 최후를 장식하더라도 말입니다. 이것이 바로 소리입니다.

비전보다
감당이
우선이다

"당신의 비전은 무엇입니까?"

많은 사람들이 비전에 대해 말합니다. 그런데 저는 비전 얘기하지 말라고 합니다. 왠지 비전이란 말 속에는 자신이 이루고자 하는 야망과 얻고 싶은 명예욕이 들어가 있는 것 같아서입니다.

그냥 살면 안 됩니까? 마땅히 행할 것을 행하며 살면 되지 않겠느냐는 말입니다. 예수 그리스도의 십자가 은혜를 가지고 하루하루 살면 되지 않겠습니까?

전도사 시절에 제가 섬기던 교회에서 건축 헌금을 모았는데 담임목사님이 각 가정이 5백만 원씩 작정하면 좋겠다고 하셨습니다. 저는 총각 시절에 2년 동안 2백만 원을 헌금하고 나서 결혼했으니 이제 3백만 원만 더 헌금하면 되겠다고 생각했습니다.

아내에게 그 얘기를 꺼내려는 순간 아내가 제 입을 막았습니다.

"여보, 액수는 말하지 마요."

"왜?"

"인간적으로 말하게 될지도 모르니까요. 지금부터 둘이 함께 기도해요. 우선 기도부터 하고 작정하는 날 다시 얘기해요."

기도하자는데 전도사가 뭐라고 하겠습니까. 좋다고 했습니다.

작정하는 날 아내가 물었습니다.

"당신, 기도했어요?"

"그럼, 기도했지."

"얼마 작정하기로 했어요?"

"3백만 원."

"난 5백만 원."

"아니, 그게…….."

"여보, 잠깐만요."

아내가 또 제 입을 막았습니다.

"왜?"

"내가 또 기도한 게 있어요."

"뭘?"

"둘 중에 더 큰 금액으로 결정하겠다고요."

아내 혼자 다 정한 것입니다.

"좋아. 당신 뜻이라면 다 좋아. 그런데 이건 알아 둬. 내가 3백만 원이라고 한 것은 그전에 2백만 원을 낸 게 있기 때문이야."

그런데도 아내는 그대로 하자고 했습니다. 살림을 맡은 사모가 그렇게 하자는데 전도사가 뭐라고 하겠습니까.

"여보, 그런데 한 가지 확인할 게 있어."

"뭔데요?"

"혹시 지금 이렇게 헌금하면 내가 나중에 교회를 세울 때 하나님께서 우리 교회를 30배, 60배, 100배, 10,000배로 축복해 주시겠지 하는 마음에서 하는 거라면 안 했으면 좋겠어."

"……."

"만약에 그렇다면 하지 마. 그건 투기야. 하나님 나라의 펀드를 사들이는 거라고."

"그럼, 어떻게 해야 하는데요?"

"이런 마음이면 좋겠어. '지금까지 사랑해 주신 은혜가 너무 감사해서, 우리를 인도해 주신 그 은혜가 족해서 드립니다. 앞으로 몇 년 동안 돈을 마련하느라 힘들지라도 그 은혜가 차고 넘치니 기꺼이 드리겠습니다' 이런 거라면 정말 기꺼이 대가를 치르겠어."

"좋아요, 그렇게 기도하고 드려요."

아내가 흔쾌히 동의했습니다. 그 후 전세금을 빼서 작정한 3백만 원을 내고 더 좁은 집으로 이사했습니다. 그래도 감사했습니다.

비전과 꿈을 말할 때마다 그 안에 무엇이 담겼는지 내면을 살펴보시길 바랍니다. 하나님의 은혜와 역사에 대한 감사와 감격이 있는지를 먼저 점검해 보십시오.

하나님보다 '내 비전'이 앞선다면 그게 무슨 비전입니까? 그건 내 욕심이지요. 욕심 때문에 하나님 나라에서 투기꾼이 될 수도 있습니다.

하나님이 만지고 이끄신다는 사실만으로도 충분하지 않습니까? 비전이니 목표니 하는 것들을 꼭 세워야만 합니까? 그냥 그리스도인으로서 하루하루 열심히 살면 안 됩니까? 그냥 선교 후원 헌금을 내면 안 됩니까? 그냥 기도하면 안 됩니까? 그냥 한 교회를 계속 섬기면 안 됩니까? 그냥 시대의 소리로 살면서 하나님이 열매 맺으시는 것을 바라보면 안 되겠습니까? 나는 쇠하고 주님이 흥하는 길을 걸으면 안 되겠습니까?

전 음치입니다. 노래를 두 번 다시 똑같이 부를 수 없어서 음치입니다. 그래서 덕분에 항상 새 노래를 부릅니다.

마커스 지도 목사라고 하니까 학교 동기들이 묻습니다.

"네가 어떻게 마커스를 지도하냐?"

음악적으로 지도하는 것은 아무것도 없습니다. 알아야 지도를 하죠. 하지만 이것만큼은 분명히 압니다. 시끄럽게 느껴지면 뭔가 문제가 있다는 것입니다. 마커스의 연주를 듣다가 다른 교회에 가면 "여기는 왜 이렇게 시끄럽지" 할 때가 있습니다. 뭔가 음이 맞지 않는 것입니다. 그 정도는 압니다. 그냥 '시끄럽다, 아니다' 두 가지밖에는 모릅니다.

음치인 제가 찬양할 때 음이 틀려서 시험에 드는 일은 없습니다. 그런데 자막에 찬양 가사가 잘못 나오면 시험에 듭니다. 저는 가사로 은혜 받는 사람이기 때문입니다. 그러니 "주님만 따라가리"가 "누님만 따라가리"로 나오면 제 심정이 어떻겠습니까? 가사 좀 잘 챙겨 주십시오. 미리 점검해 보면 되지 않습니까. 비전이니 꿈이니 찾기 전에 자기에게 맡겨진 작은 일에 먼저 충실한 게 맞는 것 아닙니까.

자신이 꼭 뭔가 이루어야 한다는 강박을 벗어 버리십시오. 하나님이 빈 들의 소리를 맡기셨다면 잘 감당할 뿐, 열매는 다른 사람이 맺어도 되지 않습니까. 설사 이 땅에서는 누릴 영광이 없다고 해도 하나님 나라에는 있지 않겠습니까. 당신이 꼭 흥해야 합니까? 당신은 쇠하더라도 하나님 나라가 흥하면 그걸로 족하지 않습니까?

"목사님은 마커스 지도 목사로 유명해졌으니 그런 배부른 소리를 하시죠."

아닙니다. 그렇지 않습니다. 마커스는 제 소유가 아니고, 지금 하고 있는 사역 또한 제 것이 아닙니다. 언제든 하나님이 강대상에서 내려오라 하시면 내려갈 것이고, 떠나라 하시면 미련 없이 떠날 것입니다. 이것은 지난 10년 동안 늘 해 왔던 기도입니다. 그러니 제가 마커스 지도 목사라고 해서 배부를 이유는 없습니다.

믿음은 주님이 흥하기 위해서 나는 기꺼이 쇠하는 것입니다. 주님을 드러내기 위해서 기꺼이 소리가 되는 것입니다. 빈 들이라면 빈 들에서, 사는 날 수가 짧다면 짧은 대로 기꺼이 원하시는 삶을 살겠다고 하는 것입니다.

청중평가단,
세례요한은 누구를 위해
소리가 되었는가

저는 설교가 셀뿐만 아니라 목소리도 큽니다. 누가 들으면 싸움 난 줄 압니다. 그래서 강대상에 올라갈 때마다 다짐합니다.

'오늘은 목소리를 최대한 낮춰서 조용히 그리고 천천히 말하자.'

그러나 강대상에만 올라가면 여지없이 잊어버립니다. 처음은 비교적 잔잔하게 시작하는데 조금만 지나면 다 까먹고 또 목에 핏대를 세우고 맙니다. 가슴의 불길이 타올라서 그렇습니다. 얼마나 불길이 세면 날로 머리가 반짝거리겠습니까.

급기야 어느 날 제 설교가 너무 시끄러워서 귀가 아프다는 불평이 들어왔습니다. 흥분하지 않으려고 미리 써 놓은 원고를 읽는 대지 설교를 하기로 했습니다. 그랬더니 이번에는 너무 조용해서 졸음이 온다는 불평이 들어왔습니다.

본문 중심으로 설교했더니 딱딱하고 재미없다는 불평이 들어옵니다. 재미있는 예화 위주로 설교했더니 재미는 있는데 메시지가 뭔지 모르겠다고 불평합니다. 설교를 어떻게 하면 좋을지 도무지 갈피가 안 잡혔습니다.

그때 깨달았습니다.

'아, 내가 사람에게 맞추고 있구나.'

가끔씩 성도들이 청중평가단으로 보일 때가 있습니다.

"오늘, 김남국 목사의 설교는 목소리 톤도 좋고 내용 전달력도 좋았어. 내 마음에 드니까 90점!"

요즘 성도들은 눈과 귀가 얼마나 세련됐는지 모릅니다. 좋은 말씀을 워낙 많이 들어 봐서 그런지 기대 수준이 매우 높습니다.

크리스천 연예인들이 한 달에 한 번씩 집회를 갖는데 개그우먼 이성미 집사님이 주로 강사 섭외를 하신답니다. 유명한 분들이 모이는 집회니 강사 또한 얼마나 잘나가는 분들을 모시겠습니까. 하루는 이성미 집사님이 평소에 알고 지내던 어느 목사님을 집회에 한번 모셨으면 좋겠다는 생각이 들었는데 망설여지더랍니다.

'별로 유명한 분도 아니고 괜히 설교가 은혜가 안 된다고 사람들이 싫어하면 큰일이야. 일부러 시간 내서 모이는 건데 흡족하게 예배를 드려야 할 텐데……'

심각한 고민에 빠지셨습니다. 근심에 싸여서 기도를 드렸더니 하나님이 이렇게 말씀하시더랍니다.

"예배를 내가 받지 너희가 받느냐? 너희는 예배를 받는 자가 아니라 드리는 자이니라."

그렇습니다. 말씀을 전하는 자도 말씀을 듣는 자도 모두 예배를 드리는 자입니다. 청중평가단이 아니란 말입니다.

세례요한은 빈 들에서 외롭게 사역했습니다. 화려한 무대나 수많은 객석도 없었습니다. 갈대와 바람 속에 서서 외쳤습니다. 그는 왜 빈 들의 외로운 소리가 됐을까요? 청중평가단을 위해서였을까요? 아닙니다. 그는 예수 그리스도의 길을 예비하기 위해 기꺼이 소리가 되었습니다. 그의 관심은 청중평가단이 아니라 오직 하나님이 주신 사명뿐이었습니다.

말이 아닌 소리가 시대를 바꾼다

저는 광야의 소리로 살기로 했습니다. 이 시대에 광야의 소리는 성경을 가르치는 소리입니다.

마커스 목요예배모임에서는 꾸준히 강해 설교를 하고 있습니다. 하나님의 말씀을 한 절 한 절 가르치는 소리가 되고 싶기 때문입니다.

하루는 아내에게 "오늘 전하고 싶은 내용이 많아서 그런지 설교 원고가 복잡해"라고 했더니 아내가 눈을 부릅뜨고 대뜸 "왜 당신이 말하고 싶은 내용을 전해요? 주님이 말하게 하시는 소리만 전하고 와요"라고 하는 것입니다.

순간 놀라기도 했지만 덕분에 많은 생각을 하게 되었습니다.

"주님, 주님이 하시고 싶은 말씀이 무엇입니까? 제 혀가 어떤 소리를 내면 좋겠습니까?"

하나님께 물었습니다. 그러자 한 가지 생각이 떠올랐습니다.

"한 사람이 말하면 소리 하나, 2천 명이 말하면 2천 소리가 된다. 이것으로 역사를 바꿀 수 있다. 2천 명이 주의 영광을 위해서 소리를 낸다면 하나님의 영광이 임하겠구나! 각 가정과 사회 곳곳에서 소리가 일어난다면 시대를 바꿀 수도 있겠구나."

저는 기도합니다. 주님이 흥하는 길을 예비하는 소리가 되기를 소망합니다. 제 인생이 다하는 날 "김남국은 부요하지도 않았고 높은 지위나 대단한 표적과 능력도 갖지 못했지만 살아온 삶이 참되었고 말하는 것이 늘 진실했다"고 인정받기를 원합니다.

당신의 기도는 무엇입니까? 어떤 소리가 되고 싶습니까? 자신의 소리를 내고 싶습니까? 아니면 기꺼이 주님의 소리가 되겠습니까?

사랑한다,
독사의
자식들아

●

요한이 세례 받으러 나아오는 무리에게 이르되
독사의 자식들아 누가 너희에게 일러 장차 올 진노를 피하라 하더냐
그러므로 회개에 합당한 열매를 맺고 속으로 아브라함이 우리 조상이라 말하지 말라
내가 너희에게 이르노니 하나님이 능히 이 돌들로도 아브라함의 자손이 되게 하시리라
이미 도끼가 나무 뿌리에 놓였으니 좋은 열매 맺지 아니하는 나무마다 찍혀
불에 던져지리라 무리가 물어 이르되 그러면 우리가 무엇을 하리이까 대답하여 이르되
옷 두 벌 있는 자는 옷 없는 자에게 나눠 줄 것이요
먹을 것이 있는 자도 그렇게 할 것이니라 하고 세리들도 세례를 받고자 하여
와서 이르되 선생이여 우리는 무엇을 하리이까 하매 이르되
부과된 것 외에는 거두지 말라 하고 군인들도 물어 이르되
우리는 무엇을 하리이까 하매 이르되 사람에게서 강탈하지 말며
거짓으로 고발하지 말고 받는 급료를 족한 줄로 알라 하니라
누가복음 3:7-14

아브라함의
후손이나
마귀의 후손이나

'독사의 자식들'이란 세례요한의 격앙된 감정의 표현입니다. 느낌을 제대로 받기 위해서 현대어로 번역한다면 이겁니다.

"이 쌍놈의 새끼들아!"

어떻습니까? 매우 강하지요.

성경에서 독사는 '마귀'를 뜻합니다. 예수님은 마귀를 "처음부터 살인한 자요 진리가 그 속에 없으므로 진리에 서지 못하고 거짓을 말할 때마다 제 것으로 말하는 거짓말쟁이요 거짓의 아비"(요 8:44)라고 하셨습니다.

세례요한은 세례 받으러 온 사람들에게 왜 독사의 자식들이란 욕을 했을까요? 사실 이것은 욕이 아니라 절절한 사랑입니다. 눈가에 이슬이 맺힌 채 이를 악물고 내뱉는 말과도 같습니다.

"사랑한다, 이 독사의 자식들아!"

이스라엘은 아브라함의 후손으로서 선택받은 민족이라는 자부심이 있습니다. 혈통상 마귀의 후손과는 거리가 멀다고 믿었습니다. 그러나 혈통은 은혜의 근거가 될 수 없습니다.

예수님은 아브라함의 후손이라는 이유로 안심하고 있는 이스라엘을 향해 "너희가 아브라함의 자손이면 아브라함이 행한 일들을 해야 하는 것 아니냐"(요 8:39)라고 정곡을 찌르는 말씀을 던지셨습니다. 아브라함은 "예수님의 때

볼 것을 즐거워하다가 보고 기뻐"(요 8:56)했다고 했습니다. 그런데 유대인들은 아브라함이 그렇게도 보기를 사모했던 그 예수님을 눈앞에 두고도 못 알아봤습니다.

유대인의 본질을 꿰뚫어 본 세례요한은 일부러 독사의 자식들이란 과격한 표현을 썼습니다. 아브라함의 자손인 유대인 또한 예수님의 은혜가 절실히 필요한 죄인에 불과하다는 것입니다. 이것은 유대인들에게는 큰 충격이었습니다. 자부심의 근거를 한 방에 날려 보내고 완전히 박살내는 독설이었습니다.

자신의 본질을 알아야 은혜를 받을 수 있습니다. 죄인이라서, 은혜 없이는 살 수가 없는 죄인이라서 하나님이 은혜를 부어 주시는 것입니다.

세례요한은 독사의 자식들에게 장차 올 진노에 대해 경고합니다. '이미 도끼가 나무뿌리에' 놓였다고 했습니다. 도끼가 뿌리에 놓였습니다. 무슨 뜻입니까? '회복 불능'이라는 것입니다. 뿌리마저 잘리면 회생할 길이 없습니다.

그렇다면 진노를 피하기 위해 무엇을 해야 할까요?

그때나
지금이나
변함없다

세례요한이 말한 해결책은 그리 대단한 것이 아닙니다. 정직하게 살면서 기본 도리를 지키라는 것이 전부였습니다. 옷 두 벌 있는 자는 없는 자에게 나누어 주고, 세리는 정직하게 세금을 걷고, 군인은 힘을 남용하지 말고 월급

에 만족하며 살라고 했습니다. 하나님의 징계가 두려운 사람들이 새겨듣기에
는 너무나 상식적이고 당연한 얘기 아닙니까?

세례요한은 왜 이런 기본적인 얘기를 목에 핏대를 세워 가며 부르짖어야
했습니까? 그것도 광야에서 말입니다.

왜냐면 기본이 무너진 세대였기 때문입니다. 대제사장이 여럿 나올 만큼
신앙이 무너진 시대, 있는 대로 빼앗아야 잘 살 수 있는 시대였기 때문입니
다. 바리새인은 일주일에 두 번씩 금식하고 십일조를 꼬박꼬박 냈지만 자기
옷을 가난한 사람에게 나누어 줄 줄은 몰랐습니다. 다들 자기 잇속만 챙기고
부정직하게 살아갔습니다.

그때 빈 들에서 세례요한이 하나님 나라가 곧 임할 것이라고 외치며 회개
를 촉구하고 세례를 베푼 것입니다. 2천여 년 전 이스라엘에서 벌어졌던 일
입니다.

그러면 지금은 어떻습니까? 그때보다 나아졌나요?

저는 요즘 이런 메시지를 전하며 다닙니다.

"독사의 자식들아, 예배 좀 제대로 드리자. 독사의 자식들아, 성경 좀 읽자.
독사의 자식들아, 기도 좀 하자. 독사의 자식들아, 예배 시간에 늦지 말고 제
발 중간에 나가지 좀 말자!"

세례요한에게 고마움을 느낍니다. 독사의 자식들이란 좋은 표현을 남겨
주어 얼마나 고마운지 모릅니다.

독사의 자식들이란 하나님 나라의 상식과 기본이 무너진 사람들입니다.

언제 기본이 무너지는지 아십니까? 하나님의 목적대로 살지 않을 때 기본이 무너집니다. 그런데 하나님의 뜻대로 살지 않는 자에게 하나님이 어떻게 역사하시겠습니까? 은혜를 받을 만한 그릇이 안 되면서 왜 매정한 하나님이라고 원망합니까?

하나님의 사람은 특별한 때에 특별한 곳에서만 일어난다고 생각하지 마십시오. 하나님은 언제 어디서든 사람을 능히 일으키시는 분입니다.

하나님의 기준은 특별함이 아니라 주님을 바라보며 주어진 삶을 바르게 살아가는 자세입니다. 자신의 본분을 다하는 것입니다.

학생의 본분은 공부입니다. 사람은 성적을 보지만 하나님이 보시는 것은 성적이 아니라 태도입니다. 사람은 열심히 해서 성적을 올리라고 요구하지만, 하나님은 아무리 노력해도 성적이 오르지 않음에도 불구하고 자기 본분에 충실한 태도를 요구하십니다. 사람을 만족시키려면 부정행위를 해서라도 좋은 성적을 내야 하겠지만 하나님을 만족시키기 위해서는 결과와 상관없이 '그래도' '그럼에도 불구하고' 열심히 해야 합니다.

성경을 읽으면 세례요한의 시대와 우리 시대가 별반 다르지 않다는 생각을 하게 됩니다. 어쩌면 예수님이 다시 오실 때까지는 모든 시대가 다 똑같을지도 모르겠습니다. 하나님께 반응하지 않고 자기 뜻대로만 사니 말입니다. 세례요한의 때나 지금이나 우리의 교만과 나태는 변함이 없습니다.

그런데 하나님의 신실하심과 성실 또한 변함이 없으니 얼마나 감사합니까.

성실과
진실이
정상이다

우리 교회는 성찬식과 같이 특별한 예배가 있는 날은 예배가 시작되면 문을 잠그기로 했습니다. 늦게 오면 바깥에서 예배드려야 합니다. 만왕의 왕 하나님께 드리는 예배라는 인식을 새롭게 하기 위해서 시작한 일종의 훈련입니다.

잠잠히 생각해 보십시오. 이상하지 않습니까? 하나님을 사랑한다고 하면서 어떻게 말씀 한 절 읽지 않을 수가 있지요? 주님만이 나의 왕이라고 찬양하면서 왜 기도는 하지 않을까요? 사랑하는 하나님 앞에서 스마트폰 놀이라니요? 예배가 끝나지도 않았는데 하나님께 등을 보이고 먼저 나가는 건 또 뭘까요? 교회가 무너졌다고 혀를 끌끌 차면서 왜 교회를 위해서 기도하지는 않습니까? 교회가 예수 그리스도의 몸이라면서요.

그렇습니다. 이상합니다. 우리는 지금 이상한 시대를 살고 있습니다.

어떤 사람은 지루한 주일 예배 대신에 마커스 목요예배모임에서 '주일 예배'를 드린다고 합니다. 이건 또 뭡니까? 주일 예배는 주의 날, 주일主日에 드리는 것입니다. 목요예배모임은 주중에 하나님께 한 번 더 가까이 나아가는 시간일 뿐입니다.

어떻게 예배를 자기 마음대로 바꿉니까? 당신이 드리면 다 예배입니까? 당신의 하나님은 당신이 드리는 대로 받으셔야만 하는 작은 하나님입니까?

당신이 다니는 교회가 엉망이라서 그렇다고 변명하지 마십시오. 교회를 위해서 한 마디 기도라도 했습니까? 매일 한 시간씩 눈물 흘리면서 교회를 위해 기도한 다음에 말하십시오.

기본이 무너진 시대, 이것이 바로 당신과 나에게 주어진 시대입니다. 우리는 이 시대 속에서 하나님이 주신 삶을 살아가야 합니다. 이 무너진 시대를 살면서 최선을 다해 기본을 지키지 않는다면 죄라고 생각합니다.

외국에서는 자유롭게 신앙생활하지 않느냐고 말하지 마십시오. 지금 우리가 살고 있는 곳은 바로 여기 이곳입니다. 우리 가족, 우리 민족, 우리 교회가 있는 곳입니다.

사람들이 저보고 보수적이라고 말합니다. 아닙니다. 저는 보수적인 게 아니라 '정상적'입니다. 하지 말아야 할 것은 하지 않고 해야 할 것은 하는 게 정상 아닙니까?

지금은 그리스도인으로서 그리스도인답게 살아야 할 때입니다. 그리스도인은 '참된 자, 진실한 자, 하나님을 두려워하며 하나님을 위해 살아가는 자'입니다.

그리스도인의 실력은 높은 연봉과 좋은 차로 증명되는 것이 아닙니다. "저 사람이 하면 제대로 한다. 저 사람이 말하면 참말이다"라는 칭찬이 바로 그의 삶의 실력을 보여 주는 것입니다.

하나님의 능력이 부족해서 한국 교회가 타락했습니까? 아닙니다. 그리스도인의 삶을 살아 내는 능력이 떨어졌기 때문입니다. 하나님의 능력이 임하기를 기대하기 전에 먼저 제대로 살아가는 삶의 실력을 키우십시오.

진실로 주님 앞에 기도하는 사람이 되십시오. 진실로 말씀 보는 사람이 되십시오. 예배에 늦지 마십시오. 기본을 행하십시오. 진실되고 참되게 사십시오. 주님이 당신을 사용하실 때 부족함이 없는, 삶의 자세가 바른 그리스도인이 되십시오. 제발……

진노를 피하는 길인데
이게
어려운가?

장거리 여행을 많이 했던 고대 근동 사람들은 옷을 서너 벌씩 껴입곤 했습니다. 차가운 밤공기를 막기 위해 큼직한 겉옷을 입었습니다. 그런데 부자들은 그렇게까지 껴입지 않아도 됐으니 "옷 두 벌 있는 자는 옷 없는 자에게 나눠 주라"는 것은 부자에게 들려주는 얘기가 아니라 무리에게, 즉 저와 당신에게 들려주는 얘기입니다.

진노를 피하는 길인데 이게 어려운 일일까요? 그렇지 않습니다. 없는 자에게 내게 있는 것을 나눠 주면 그뿐입니다.

세리에게는 부과된 세금 외에는 거두지 말라고 했습니다. 로마제국에 낼 세금 징수를 맡은 세리는 배보다 배꼽이 큰 수수료를 붙여서 큰 부자가 되곤 했습니다. 같은 민족의 피를 빨아먹듯이 악랄하게 혈세를 걷었습니다. 그래서 세리는 도둑이나 창녀와 같은 대우를 받았습니다. 그들에게는 성전세도 받지 않았습니다. 그들이 내는 돈은 부정하기 때문입니다.

세리에게 요구한 것이 무엇입니까? 정직입니다. 대단한 것입니까? 어려운 일입니까? 가진 것을 다 내놓으라는 것도 아니고 정직하게 정해진 세금만 거두라는 것입니다.

군인들에게는 "강탈하지 말고 거짓으로 고발하지 말고 월급에 만족하라"고 했습니다. 이때의 군인은 로마제국의 군인이 아닙니다. 치안을 위해서 뽑힌 헤롯의 병사나 민병입니다. 이들은 세리가 혈세를 걷을 때 옆에서 무력으로 돕고 수고비를 챙겼습니다. 지금으로 말하자면 용역 깡패와도 같습니다. 깡패가 되지 말고 받는 월급에 만족하라는 것이 어렵습니까?

성경이 말합니다.

"회개에 합당한 열매를 맺어라."

이것은 은혜를 받았으면 그에 합당하게 살라는 뜻입니다.

프란시스 쉐퍼Francis A. Schaeffer에 의하면 회개는 의지입니다. 눈물 한 방울 흘리지 않아도 회개할 수 있습니다. 어제 도둑질했던 사람이 오늘 도둑질 안하는 게 회개입니다. 삶의 방향을 180도 돌이키는 것입니다. 내 뜻대로 살던 삶을 주님 뜻대로 살겠다고 돌이키는 것, 이것이 회개입니다.

왜 회개합니까? 언젠가 주님 앞에 설 것이기 때문입니다. 회복 불능한 자에게 베풀어 주신 은혜가 너무 감사해서 하나님의 뜻대로 살겠다고 돌이키는 것이 회개입니다. 하나님 나라의 상식과 기본을 회복하는 게 회개입니다.

사랑한다,
독사의
자식들아

회개한 그리스도인의 공동체는 어떤 모습입니까? 사도행전에서 찾아볼
수 있습니다.

"믿는 사람이 다 함께 있어 모든 물건을 서로 통용하고 또 재산과 소유를
팔아 각 사람의 필요를 따라 나눠 주며 날마다 마음을 같이하여 성전에
모이기를 힘쓰고 집에서 떡을 떼며 기쁨과 순전한 마음으로 음식을 먹고
하나님을 찬미하며 또 온 백성에게 칭송을 받으니 주께서 구원 받는 사람
을 날마다 더하게 하시니라"(사도행전 2:44-47).

회개를 모르는 세상 사람들은 세상에서 가장 중요하다고 여기는 것을 붙
잡습니다. 그들에게 가장 중요한 것은 바로 돈입니다. '돈보다 명예'라는 주
장은 한 마디로 웃기는 소리입니다. 결국 명예도 돈과 연결되어 있기 때문입
니다.

그런데 성령이 오셔서 은혜가 가득하니 서로 가진 것을 통용했습니다. 공
동체 안에서 돈이 더 이상 주장하지 못하더라는 것입니다. 세상 것을 바라보
지 않게 되었다는 뜻입니다. 늑탈은 사라지고 각 사람의 필요에 따라 가진 것
을 나누게 된 것입니다.

1907년 한반도에 불었던 대부흥은 은사와 능력이 아닌 말씀과 기도 때문에 가능했습니다. 은혜 받은 장사꾼이 3년 전에 바가지 씌웠던 것을 고백하며 돈을 돌려주었다는 기록이 남아 있습니다. 회개를 통한 삶의 변화가 부흥을 일으킨 것입니다.

삶이 변해야 합니다. "능력 주세요", "은사 주세요" 할 게 아니라 받은 은혜에 감사하고 가진 것에 만족하며 그리스도인답게 정직하게 살겠다는 결단이 필요합니다. 말씀을 들을 때 잠시 태도를 바꾸는 것이 아니라 삶의 방향을 완전히 바꾸는 것이 회개입니다.

어떻게 하면 되느냐고요? 아침에 일찍 일어나십시오. 집에 들어오자마자 손과 발을 씻으십시오. 옷을 벗어서 옷걸이에 걸고 빨래는 빨래통에 넣으십시오. 재활용품은 분리수거함에, 쓰레기는 쓰레기통에 넣으십시오. 길을 걸을 때는 오른쪽으로 걷고, 걷다가 부딪히면 잘못했다고 사과하십시오. 지하철을 탈 때는 급한 사람에게 순서를 양보하십시오. 예배 시간에 먼저 나가야 할 것 같으면 바깥쪽에 앉으십시오. 예배드리고 나서 자기 자리를 깨끗하게 치우고, 나갈 때는 한 줄로 나가십시오. 상식과 기본을 지키며 사십시오.

뭐가 이렇게 쉬운가 싶습니까? 초등학생의 바른생활 교육 같다고요?

그러나 결단 없이는 결코 쉽지 않을 것입니다. 성령의 도우심 없이는 무엇 하나 쉽지 않습니다. 당신의 힘으로 되지 않습니다. 여태까지 신앙생활 잘해 왔다고 안심하지 마십시오. 주님의 도우심이 없었다면 불가능했을 일입니다.

돌이키면
두렵지
않다

교회에서 퇴근할 때쯤 되면 작은아이에게서 전화가 옵니다.

"아빠, 어디야?"

"왜?"

"궁금하니까 그러지."

좋습니다. 자식이 아버지의 삶을 궁금해 할 수 있습니다.

"어, 아빠 이제 교회에서 출발해."

그런데 조금 있다가 또 전화가 옵니다.

"아빠, 어디야?"

교회에서 집까지 30분 거리입니다. 얘가 갑자기 바보가 된 걸까요? 중간에 왜 또 전화를 합니까? 아버지가 집까지 무사히 오시는지 걱정돼서 묻는 걸까요? 글쎄요…….

일부러 번호키를 안 누르고 열쇠로 현관문을 엽니다. 아이가 방에서 헐레벌떡 뛰어나오면서 "아빠, 다녀오셨어요?" 하고 인사합니다. 눈동자가 흔들리는 게 뭔가 불안해 보입니다.

즉시 가서 컴퓨터를 확인해 보면 답이 나올 테지만 저는 자식한테 그런 짓은 안 합니다. 그렇게 바로 추궁하면 아이를 범죄자로 모는 것이 되기 때문입니다. 그래서 회개할 기회를 주기 위해서 모르는 척합니다.

저를 닮아서 머리가 팽팽 잘 돌아갑니다. 다른 짓거리 하고 있다가 아빠가 오실 때가 되니 부리나케 청소하고 공부하는 척합니다.

그런데 아빠가 바보입니까? 딱 보면 압니다. 저도 다 해 봤습니다. 아비를 닮은 아들이 똑같은 짓을 하고 있습니다.

아비로서 소원이 있습니다. 아들 녀석이 아빠가 언제 들어오든 상관없이 공부하고 있으면 좋겠습니다. 그렇게만 한다면야 아빠가 언제 들어오든 무슨 문제가 있겠습니까?

아이가 하는 짓이니 귀엽습니까? 아이에게서 우리 모습을 봅니다. 평소에 제대로 살지 않으니까 주님 오실 때 되니 방정을 떱니다. 적그리스도네 뭐네 하면서 호들갑입니다. 성경에 이르기를 예수님이 오시기 전에 적그리스도가 온다고 했습니다. 적그리스도가 오면 지구가 멸망한다고요? 하나는 알고 둘은 모르는 소리입니다. 그 다음을 보십시오. 주님이 오십니다!

회개하고 변화되어 주님 닮은 삶을 산다면 예수님이 언제 다시 오시든 뭔 상관있습니까?

음모론이니 어둠의 예언이니 음침한 데에 마음 빼앗겨 덜덜 떨지 말고 빛 가운데서 올바르게 사십시오. 그것이 그리스도의 삶입니다.

하나님은 독사의 자식들에게 "나가 죽어라!" 하고 저주를 퍼붓지 않으셨습니다. "돌이켜라, 회개하라" 하셨습니다.

낙타털옷을 입은 세례요한의 모습이 떠오르지 않습니까? 주먹을 불끈 쥐고 목에 핏대를 세우며 외칩니다.

"사랑하는 독사의 자식들아, 주께서 오신다. 준비하라. 하나님이 원하시는 삶의 자리로 돌아가라. 기본으로 다시 돌아가라!"

불협화음도
하나님이 손대시면
천상의 소리가 된다

2012. 03. 08 마커스 목요예배모임

공동체 안에
울리는
천국 소리

천국에서
누가 더
큰가

●

그 때에 제자들이 예수께 나아와 이르되
천국에서는 누가 크니이까 예수께서 한 어린 아이를 불러
그들 가운데 세우시고 이르시되 진실로 너희에게 이르노니
너희가 돌이켜 어린 아이들과 같이 되지 아니하면
결단코 천국에 들어가지 못하리라 그러므로
누구든지 이 어린 아이와 같이 자기를 낮추는 사람이 천국에서 큰 자니라

마태복음 18:1-4

예수님,
이게 그렇게까지
심각한 질문인가요?

제자들 사이에서 "천국에서 누가 더 큰가"라는 논쟁이 붙었습니다. 모든 것을 버려두고 예수님을 좇았던 사람들입니다.

간단한 질문에 대한 예수님이 대답이 매우 복잡합니다. 제자들이 자기들 중에 누가 더 크냐고 물었는데 "이 어린아이와 같지 않으면 천국에 들어갈 수 없어!"라고 대답하시고 나서 어린아이처럼 자기를 낮추어야 천국에서 큰 자라고 하셨습니다. 이해가 될 것도 같고 안 될 것도 같습니다.

만약에 이야기가 여기에서 멈췄다면 그냥저냥 알아듣고 끝났을 것입니다. 친절하게도 예수님이 어린아이를 한 명 세워 놓고 시청각교육까지 해 주셨으니 어린아이처럼 겸손하면 되는가 보다 했겠지요.

그런데 예수님은 거기서 더 나아가십니다. 어린아이 하나를 영접하는 게 곧 예수님을 영접하는 거라고 하시더니 작은 자 하나를 실족케 하면 차라리 연자 맷돌을 목에 달아 깊은 바다에 빠지는 게 낫다고까지 하셨습니다.

연자 맷돌은 나귀를 매어 돌리는 무지막지하게 큰 맷돌입니다. 그 큰 맷돌을 목에 달고 얕은 바다도 아니고 깊은 바다에 빠지는 게 낫다니요. 죽을까 하노라 정도가 아니라 '확실하게' 죽는 게 더 낫다고 말씀하신 셈입니다.

설상가상! 죄를 범하면 차라리 손과 발을 자르고 눈을 빼어 내버리라고 하십니다. 살벌하지 않습니까? 그러고 나서 작은 자를 업신여기지 말라고 하면서 잃어버린 어린 양 한 마리 비유를 들려주시더니 나중에는 교회 치리 문제로까지 확대시키십니다.

애초에 질문이 뭐였습니까?

"우리 중에 누가 더 큽니까?"

단순합니다. 제자들은 그저 서로 우열을 가리고 싶었던 것입니다. 그런데 예수님은 이 간단한 질문에 매우 복잡한 답을 주셨습니다. 왜 그러셨을까요?

이게 어떤 상황인지 예를 들어서 쉽게 풀어 보겠습니다.

학생이 선생님에게 "어떻게 하면 공부를 잘해서 훌륭한 사람이 될 수 있을까요?" 하고 물었습니다. 선생님이 "어린아이처럼 겸손하게 열심히 공부하렴" 하고 말씀해 주시면 좋을 텐데, 별안간 "어린아이처럼 하지 못 할 것 같으면 학교에 나오지도 마! 공부 잘한다고 잘난 척하다가 다른 아이들을 실족시킬 수도 있어. 만약에 그런 일이 벌어지면 차라리 손발을 자르고 눈을 뽑아!"라고 말씀하신다면 어떻겠습니까?

"아니, 선생님! 저는 단지 어떻게 하면 공부를 좀 더 잘할 수 있을지 물어봤을 뿐인데 말씀이 좀 지나치신 것 아닌가요?"

이런 반응이 나올 만하지 않습니까? '우리 선생님 너무 흥분하셨네. 웬 과민 반응이야' 하고 투덜댈 법합니다.

제자들은 자기들 중에 누가 더 큰가를 물었을 뿐인데 예수님이 느닷없이 눈을 부릅뜨고 손발을 잘라라, 눈을 뽑아라, 차라리 죽는 게 낫다고 하셨으니 얼마나 당황했을까요. 정상적인 대화에서 좀 벗어난 듯 보입니다. 예수님이 좀 흥분하신 것 같다는 생각이 들지 않습니까?

그렇습니다. 예수님은 제자들의 질문을 매우 심각하게 받아들이셨습니다. 대체 무엇 때문에 그렇게 진지하게 받아들이셨을까요?

사람은 언제 관대해지는가

질문을 보면 그 사람의 관심을 알 수 있습니다. 제자들의 관심은 '크기'에 있었습니다. 다시 말해서 자기들 중에 누가 제일 잘나가는지 알고 싶었던 것입니다.

크기에 대한 욕심이 없는 사람이 어디 있습니까? 저는 키가 3센티만 더 컸으면 좋겠습니다. 머리카락도 3센티만 더 자랐으면 좋겠습니다. 저는 모든 게 3센티 부족합니다. 왜 하필 3센티냐고요? 3센티가 모자라서 기성복을 사 입을 수가 없기 때문입니다. 당신이 3센티의 비애를 아십니까? 울컥할 때면 키 크는 수술이라도 받고 싶어집니다. 키에 대한 열망이 이 정도인데 하물며 영향력에 대한 욕심은 오죽하겠습니까?

어린아이는 욕심이 없을 것 같습니까? 그렇지 않습니다. 우리 집 큰아들은 운동을 굉장히 잘합니다. 부모의 운동신경 유전자가 모두 큰아들에게 갔습니다. 반면에 작은아들은 완전히 몸치입니다. 하나님이 확실하게 한쪽으로만 몰아주셨습니다. 화끈한 하나님이십니다.

초등학교 5, 6학년 때 경기도 남양주시 대표로 나가서 200미터와 계주에서 2등을 한 아이입니다. 제 아들입니다. 키가 크겠습니까? 키는 작지만 다리가 안 보일 정도로 빨리 뛰었습니다. 운동회 때 계주의 마지막 주자로 나서서 트랙의 3분의 2 거리를 따라잡곤 했습니다. 그러니 친구들이 얼마나 응원해 주었겠습니까? 굉장한 환호를 받았습니다. 그러면 작은아들이 형에게 박수를 치며 엄지손가락을 치켜듭니다.

"너는 형이 부럽지 않니?"

"아니, 안 부러워."

작은아들은 6명이 뛰면 4등, 5등 하는 아이입니다. 그런데 형이 부럽지 않답니다.

작은애는 입심이 대단합니다. 토론대회에 나가면 다 이깁니다. 선생님한테도 이기는 말발입니다. 큰아들에게 물었습니다.

"동생의 말솜씨가 부럽지 않니?"

"아니, 안 부러워."

큰애는 동생을, 작은애는 형을 훌륭하다고 치켜세웁니다. 훌륭한 집안이라고요? 진짜……?

사실은, 서로 관심이 없는 겁니다. 그러니까 너그러울 수 있습니다. 그러다가도 관심 있는 데서 맞부딪치면 그때는 원수가 됩니다. 한 녀석은 말발을 세우고 또 한 녀석은 주먹을 내세웁니다. 이해됩니까?

이게 우리 모습입니다. 마냥 관대한 사람이 어디 있습니까? 이권이 걸려 있는 일에 누가 관대합니까? 내 일이 아닐 때나 관대해질 뿐입니다.

이웃끼리 대화를 나눕니다.

"우리 애가 공부를 안 해서 걱정이에요."

"아이들이 다 그렇죠, 뭐. 착하고 건강하면 된 거예요. 아이가 집은 꼬박꼬박 들어오잖아요. 요즘에 집 나가는 애들이 얼마나 많은데요. 호호호."

옆집 아이에게는 그렇게 관대한 사람이 자기 아이한테는 어떻게 합니까? "인석아! 지금 네가 놀 때야? 어서 가서 공부 안 해?" 하고 몽둥이를 듭니다. 왜 관대하지 않습니까? 내 아이이기 때문에 관대할 수가 없습니다. 왜 관대합니까? 내 아이가 아니기 때문에 관대합니다.

얼마나
무섭고 두려운
질문인가

왜 이런 일이 벌어집니까? 죄성 때문입니다. 죄가 어떻게 이 땅에 들어왔는지 기억해 보십시오.

"너희가 그것을 먹는 날에는 너희 눈이 밝아져 하나님과 같이 되어 선악을 알 줄 하나님이 아심이니라"(창세기 3:5).

뱀이 하와를 유혹할 때 '하나님과 같이'라는 비교의 낚싯바늘을 던졌습니다. 그것을 덥석 물었기 때문에 죄가 들어왔습니다.

사람들은 비교에 익숙합니다. 더 높은 자리, 더 위대한 자리, 더 힘 있는 자리를 추구합니다. 알고 보면 성공욕은 죄성과 연결돼 있습니다.

여기서 우리는 예수님이 제자들의 질문에 왜 그렇게 민감하게 반응하셨는지 단서를 찾을 수 있습니다. 제자들은 죄가 가득한 세상의 관점으로 하나님 나라를 바라봤습니다. 여기에 문제의 심각성이 있는 것입니다.

무슨 말이냐면 "하나님 나라에서 과연 누가 더 큰가"라는 질문은 처음부터 잘못된 질문이라는 것입니다. 단순한 생각에서 던진 질문이지만 실은 세상의 구린내를 풍기는 더러운 질문이었던 것입니다.

사단이 선물한 죄성 때문에 사람들은 서로 비교해서 서열을 가려야 직성이 풀리고 다른 사람들보다 자신이 더 우월해야 만족합니다.

사람은 하나님의 형상을 따라 지어졌습니다. 인생의 목적은 하나님의 뜻 안에서 주를 높이는 데 있습니다. 그런데 바벨탑 이야기를 보십시오. 죄성은 바벨탑을 쌓아 "우리 이름을 내자"고 합니다(창 11:4).

당시 제자들의 관심은 어디에 있었습니까? 누가 더 큰가, 즉 '자기 이름'에 관심이 있었습니다. 제자로 부름 받은 이들조차 제일 관심은 자기 자신이었던 것입니다. 천국에 가면 과연 누구의 이름이 더 높이 휘날릴지 각자 상상의 나래를 폈을 것입니다.

기도라고 다 기도가 아니고 신앙이라고 다 신앙이 아닙니다. 주님을 좇지 않고 자신의 만족과 유익을 좇는다면 기도도 신앙도 모조리 말짱 도루묵입니다.

어느 교회의 건물이 더 큰가, 어느 교회의 성도수가 더 많은가를 따지는 건 성경적이지 않습니다. 교회는 그리스도의 몸이기에 존귀하고, 예배는 하나님께서 받으시기에 거룩합니다. 사람 때문이 아니라 하나님의 이름 때문에 존귀하고 거룩한 것입니다.

가끔 성경 공부를 가르치러 해외에 나갈 때가 있습니다. 선교가 금지된 곳에 들어가서 배운 것이 하나 있습니다. 훈련시키는 학생이 20명도 채 안 되는 선교사님을 만났습니다. 규모가 무척 작지요. 그런데 그 20명도 안 되는 사람들이 어떤 사람들인지 아십니까? 상상할 수 없을 정도로 많은 사람들에게 복음을 전하고 있는 대지도자들입니다. 이들을 통해 몇 천, 몇 만, 몇 십만 명에게 복음이 흘러들어갑니다. 이래도 규모가 작다고 하시겠습니까? 과연 이들이 몇 만 명씩 모이는 교회보다 적은 걸까요? 결코 아닙니다.

언젠가 마커스 목요예배모임에 사람들이 많이 몰려온 날이 있었습니다.

"목사님, 올해 들어 최고로 많이 온 것 같아요!"

그 소리를 듣는 순간 강대상에 못 올라가겠다는 생각이 들었습니다. 할 수만 있다면 다른 사람에게 설교를 맡기고 싶었습니다.

사람들이 몰려오는 게 싫어서가 아닙니다. 무서워서도 아닙니다. 걱정이 돼서 그랬습니다. 혹시라도 누가 "우리 교회 청년부는 5명밖에 안 모이는데 여기는 규모가 어마어마하구나" 하며 자기 교회와 비교할까 봐 걱정됐습니다. 예배에서 하나님을 드러내지 못하고 행여나 무리의 '크기'만 보이게 될까 봐 두려웠습니다.

음치 한 사람이 찬양해도, 한두 사람이 모여서 기도해도 그 자리에 오시는 하나님이신데, 그런 하나님이신데……. 겉으로 보이는 규모가 오히려 예배를 모독하지는 않을까 걱정되었습니다. 자기가 다니는 작은 교회를 초라하게 여기는 죄에 빠지게 만들까 봐 두려웠습니다.

"천국에서 누가 더 큰가"라는 질문이 얼마나 무섭고 두려운 질문인지 이제 알겠습니까?

하나님을
묵상했더라면

하나님 나라에는 비교가 없습니다. 하나하나 빛나는 가치만 있습니다. 땅에서는 우리 눈에 높이 쌓은 바벨탑이 아찔해 보이고 한 곳에 모인 수많은 무리가 한 덩이처럼 보이지만 하늘에서는 하나님 눈에 아찔히 높은 산도 아득히 낮아 보이고 반면에 사람은 무리가 아닌 낱낱으로 보입니다.

하나님의 마음을 아십니까?

"너희 생각에는 어떠하냐 만일 어떤 사람이 양 백 마리가 있는데 그 중의 하나가 길을 잃었으면 그 아흔아홉 마리를 산에 두고 가서 길 잃은 양을 찾지 않겠느냐 진실로 너희에게 이르노니 만일 찾으면 길을 잃지 아니한 아흔아홉 마리보다 이것을 더 기뻐하리라"(마태복음 18:12-13).

잃어버린 한 마리 양을 찾는 것이 주님의 마음입니다. 목자는 잃어버린 양 한 마리와 나머지 양 무리로 나눠서 보지 않았습니다. 그에게는 양 한 마리, 한 마리가 각각 관심의 대상입니다. 그는 생명에 관심이 있습니다. 살리는 일에 관심이 있습니다.

세상은 자기가 살기 위해서 다른 이를 실족시키기도 하고 죽이기도 합니다. 하지만 목자는 잃어버린 한 마리 양도 포기하지 않고 찾아 나섭니다. 이게 하나님의 마음입니다.

양은 지독한 근시라 가시거리가 5~7미터밖에 되지 않는다고 합니다. 만약에 무리에서 떨어지게 되면 영락없이 길을 잃고 맙니다. 헤매다가 절벽 아래로 떨어지기도 합니다. 목자는 잃어버린 양을 찾기 위해 기꺼이 수고할 뿐만 아니라 기어코 찾아내고야 맙니다. 그게 그의 기쁨이기 때문입니다. 생명을 찾는 기쁨입니다.

제자들은 천국에서 누가 더 큰가를 물을 게 아니라 "어떻게 하면 주님의 마음으로 한 생명이라도 더 구할까"를 물었어야 했습니다. 생명을 위해 애쓰는 자, 잃어버린 자를 찾아나서는 자가 바로 천국에서 큰 자입니다.

만약에 제자들이 자기 자신이 아닌 하나님을 묵상했더라면 누가 더 큰가와 같은 질문은 나오지도 않았을 것입니다. "어떻게 하면 더 순종할 수 있을까요? 어떻게 하면 주님을 더 닮아갈 수 있을까요?" 하고 순종의 문제로 나아갔을 것입니다. 천국을 아는 자는 순종에 관심을 기울입니다.

그러니 천국을 운운하기 전에 먼저 자신이 하나님께 합당한 사람인지를 점검하십시오. 주님이 성육신하여 잃어버린 영혼을 찾아 이 땅에 오셨던 것처럼 당신도 주님이 보내신 그곳, 가정과 교회와 직장에서 자신만을 위해 살지 말고 제자답게 주의 영광을 위하여 다른 사람을 살리는, 생명을 살리는 일에 힘쓰십시오.

놀이터와 전쟁터,
천국은
어디에 있을까

"주님, 천국에서 누가 더 큽니까?" 하고 물었는데 만약에 예수님이 이렇게 대답하신다면 어떨까요? 근육질의 파이터 추성훈을 세워 놓고 "이런 자다"라고 하신다면? 역시 힘센 자가 천국에서도 갑이구나 하고 생각할 것입니다. 아인슈타인을 가리키며 "이런 자다"라고 하신다면 어떨까요? 아이큐가 160은 넘어야 명함을 내밀겠군 하겠지요. 대통령이나 재벌 총수를 세우신다면 어떻겠습니까? 땅에서 안 되는 놈은 천국에서도 안 되는구나 하며 탄식할 것입니다.

그런데 예수님이 어린아이를 하나 세우고 "이와 같은 아이다"라고 하시면 어떤 느낌일 것 같습니까?

"에계, 농담하시나요?"

헛웃음을 짓거나 아니면 멘붕에 빠지겠지요. 왜냐면 어린아이는 나와 상대가 안 되기 때문입니다. 어린아이를 보면 승부욕이 불탑니까? 존경심이 우러나옵니까? 아닙니다. 경쟁 상대가 못 됩니다. 파이터라면 나도 근육 좀 키워 볼까, 박사라면 나도 공부 좀 해 봐? 대통령이라면 리더십 강의라도 들을까, 재벌 총수라면 돈 좀 벌어야겠다 할 텐데 어린아이라니요.

예수님은 도대체 어린아이에게서 무엇을 보신 걸까요?

우리 교회 수련회에서 집사님들과 마피아게임Mafia Game을 한 적이 있습니다. 정보를 가진 소수와 정보를 가지지 못한 다수의 두뇌 게임인데, 누가 숨은 마피아인지를 추론해서 색출하는 것입니다.

당시 제가 마피아를 맡아 열연한 결과 승리를 거둘 수 있었습니다. 그런데 제 옆에 앉았던 성도가 상처를 크게 받았습니다. 목사가 어떻게 성도를 속일 수 있느냐며 서운해 했습니다.

마피아는 어떻게 해서든 자신을 드러내지 않으려고 속이는 역할입니다. 마피아를 하라고 해서 최선을 다해 역할을 수행했을 뿐인데 목사가 속임수를 썼다고 몰아붙이면 되겠습니까? 아마 제가 목사라는 본분을 잊지 않고 게임에서도 정직했더라면 게임의 룰도 모르는 한심한 목사라고 핀잔을 들었겠지요. 그래서 그 다음부터는 마피아게임은 안 합니다.

어른들의 마피아게임을 재밌게 본 유치부 아이들이 자기들도 방에 모여 앉아 게임을 시작했습니다. 아이들이 빙 둘러앉아서 고개를 숙이고 눈을 감았습니다. 사회자가 마피아, 경찰, 시민 등 각자 역할을 몰래 지정해 주었습니다. 이제 사회자가 "마피아는 서로 확인하세요"라고 하면 해당되는 친구들만 고개를 들고 눈으로만 확인하면 됩니다. 정체가 들통 나면 안 되니까 말입니다.

그런데 사회자가 "자, 마피아를 맡은 친구는 누구인지 알죠?"라고 물으니 마피아들이 일제히 "네" 하고 소리 내어 대답합니다. "경찰도 누군지 알죠?" 하니까 경찰들이 "네" 하고 고개를 끄덕이며 대답합니다. 목소리만 들어도 누군지 다 압니다. 이제는 서로 무슨 역할을 맡았는지 다 알았으니 완전히 게임 끝입니다.

하지만 놀라운 일이 벌어졌습니다. 정체가 환히 드러난 친구들끼리 재미나게 게임을 하는 것입니다.

어떻습니까? 귀엽습니까? 솔직히 말해서 미련해 보이지 않습니까? 제가 만약에 "당신은 마피아입니까?"라고 물었을 때 "네"라고 대답했다면 어땠겠습니까?

바로 이겁니다. 아이들의 세상은 논리로 돌아가지 않습니다. 아이들은 "아무개야, 놀자"라고 합니다. 아이들에게는 노는 게 중요합니다. 그리고 진짜로 놉니다.

그런데 어른들은 어떻습니까? "목사님, 같이 놀아요" 하고 게임에 끌어들이지만 노는 게 노는 게 아닙니다. 속으로는 어떻게든 이겨야 하느니라 하고 외칩니다. 전쟁입니다. 이겨야 합니다.

아이들은 놀고 어른들은 전쟁을 치릅니다. 어른들은 천국도 전쟁터로 착각합니다. 그래서 하나님 나라에서 누가 더 큰가라는 문제에 골몰합니다.

예수님은 크고자 하는 욕심이 가득한 어른들에게 어린아이를 세워 보여 주셨습니다. 이 아이가 무엇을 할 수 있겠습니까.

"당신은 마피아입니까?"

"네."

순진하게 대답하고 마는 이 어린아이가 무엇을 할 수 있을까요, 어떻게 이런 어린아이가 천국에서 큰 자가 될까요?

왜냐면 천국은 자기들끼리 재밌게 노는 어린아이들처럼 하나님을 바라보고 살아가는 곳이기 때문입니다. 천국은 전쟁터가 아니기 때문입니다. 누가 더 큰지 작은지 겨루는 곳이 아니기 때문입니다.

아이들이 어리석은 게 아니라 어른들이 어리석습니다. 게임과 현실도 구분할 줄 모르는 어른들이 미련합니다. 경쟁하고 겨루어서 서열을 정해야만 만족하는 전쟁터에 사는 어른들이 딱합니다.

천국에서
중요한
것

예수님이 어린아이를 보여 주셨습니다. 크기와 실력의 문제가 아닙니다. 마음속에 생명을 향한 진심이 있느냐가 문제입니다. 주님이 참 멋있는 말씀을 주셨습니다.

"두세 사람이 내 이름으로 모인 곳에는 나도 그들 중에 있느니라"(마태복음 18:20).

두세 사람만 모여 보십시오. 찬양팀이 만들어집니까? 적어도 하나는 키보

드를 하나는 찬양을 맡아야 합니다. 썰렁하기만 할 것입니다. 비록 찬양팀이 없어도 두세 사람이 모여 합심하여 기도하면 예수님이 그들 중에 있겠다고 하셨습니다.

이것이 바로 천국입니다. 작고 여린 공동체가 어린아이처럼 하나님을 바라보기에 천국입니다.

"공동체가 하나님을 바라보고 있는가?"

"하나님을 사모하는 마음으로 기꺼이 땀 흘리는 공동체인가?"

"눈물을 흘리며 주를 위해 달려가는 공동체인가?"

천국에서는 이런 것들이 더 중요합니다. 하나님에 대한 사랑이 능력보다도 외모보다도 재물보다도 더 중요합니다.

그런데 교회에서 우리는 어떤 사람을 더 크게 봅니까? 찬양 인도자, 모임의 리더가 커 보이지 않습니까? 키 크고 멋있기까지 하면 더 우러러봅니다. 무엇 때문에 키가 커야 하고 무엇 때문에 잘 생겨야 합니까? 키 크고 잘 생기고 잘 나가고 돈 잘 벌어야만 천국에서도 큰 자라 불릴 것 같습니까?

주님이 원하시는 것은 당신이 남들보다 더 큰 사람이 되는 것이 아닙니다. 하나님 나라를 위해 애쓰는 한 사람의 제자가 되기를 바라십니다.

스스로 큰 자가 되려고 하지 말고 어떻게 하면 주님을 더 크게 해 드릴까 고민하는 제자가 되십시오. 어떻게 하면 주님을 닮아갈까, 어떻게 하면 더 순종할 수 있을까를 묵상하는 제자가 되십시오. 매사에 하나님께 순종하고 하나님과 더불어 기뻐하는 제자가 천국에서 큰 자입니다.

까따르비아에서
내보내라

●

네 형제가 죄를 범하거든 가서 너와 그 사람과만 상대하여 권고하라
만일 들으면 네가 네 형제를 얻은 것이요
만일 듣지 않거든 한두 사람을 데리고 가서
두세 증인의 입으로 말마다 확증하게 하라
만일 그들의 말도 듣지 않거든 교회에 말하고 교회의 말도 듣지 않거든
이방인과 세리와 같이 여기라 진실로 너희에게 이르노니
무엇이든지 너희가 땅에서 매면 하늘에서도 매일 것이요
무엇이든지 땅에서 풀면 하늘에서도 풀리리라
마태복음 18:15-18

예수님도
외계어를
쓰시나요?

천국에서 누가 더 큰가라는 제자들의 질문에서 시작된 예수님의 답변이
교회 치리 문제까지 이르렀습니다. 누가 죄를 범하거든 먼저 조용히 가서 은
밀하게 얘기하고 그래도 안 들으면 객관성을 띤 두세 사람, 즉 법적 증인들과
함께 가서 말하라고 하셨습니다. 여기까지는 신명기에서부터 익히 들어본 내
용이라 이해하기가 어렵지 않습니다.

> "사람의 모든 악에 관하여 또한 모든 죄에 관하여는 한 증인으로만 정할
> 것이 아니요 두 증인의 입으로나 또는 세 증인의 입으로 그 사건을 확정
> 할 것이며"(신명기 19:15).

그런데 그 다음이 문제입니다. 두세 증인의 말도 듣지 않거든 교회에 알리
고 교회의 말도 듣지 않으면 이방인과 세리처럼 여기라고 하셨습니다. 어려
운 부분이 없다고요? 그렇다면 제가 다른 방식으로 읽어 보겠습니다.

> "만일 그들의 말도 듣지 않거든 까따르비아에게 말하고 까따르비아의 말
> 도 듣지 않거든 이방인과 세리같이 여기라 진실로 너희에게 이르노니 무
> 엇이든지 너희가 땅에서 매면 하늘에서도 매일 것이요 무엇이든지 땅에

서 풀면 하늘에서도 풀리리라"

'까따르비아'가 뭐죠? 아십니까? 모를 겁니다. 제가 만들어 낸 말이니까요. 제자들도 당신처럼 어리둥절한 표정으로 예수님을 바라봤을 것 같습니다. 왜냐면 당시 제자들에게 '교회'란 생소한 단어였기 때문입니다.

우리는 교회를 알고 있습니다. 교회에서 신앙생활을 하고 있습니다. 교회에서 양육 받고, 교회에서 예배를 드립니다. 그러니 교회의 말도 안 들으면 교회에서 내보내라는 말의 의미를 압니다.

그러나 교회가 언제부터 생겼습니까? 예수님이 승천하신 후 성령이 강림한 다음, 즉 사도행전 시대에 처음 교회가 생겼습니다. 예수님이 이 말씀을 하실 때에는 아직 교회가 없었다는 뜻입니다. 따라서 제자들은 교회라는 말을 못 알아들었을 것입니다.

하나님이 친히 만드신 기관이 둘 있는데 가정과 교회입니다. 가정은 타락 전에 만드셨고 교회는 타락 후에 만드셨습니다. 나머지는 인간이 임의대로 만든 것입니다. 만약에 아담과 하와가 선악과를 먹지 않았더라면 교회는 존재하지 않았을지도 모릅니다. 하나님의 영광을 위해 회복의 통로로 쓰시는 것이 바로 교회입니다.

교회란 말이 처음 등장한 것은 베드로가 예수님을 향하여 "주는 그리스도시요 살아 계신 하나님의 아들"이라고 고백한 후에 예수님이 "바요나 시몬아 네가 복이 있도다" 하시면서 베드로라는 이름을 주시고 "내가 이 반석 위에 내 교회를 세우겠다"고 하실 때였습니다(마 16 :16~18).

아마 베드로도 당황했을 것입니다. "네 위에 까따르비아를 세울 것이다"라고 하셨으니 말입니다. 그 후에 한동안 안 보이다가 여기서 다시 등장합니다.

천국에서 누가 더 큰가라는 질문에 대한 답변이 왜 여기까지 와야 하는지 제자들은 이해하지 못했습니다. 질문 하나 던졌을 뿐인데 작은 자를 실족시키느니 연자 맷돌을 목에 달고 물에 빠져 죽는 게 낫다고 하시질 않나 죄를 범하느니 손발을 자르고 눈을 뽑으라고 하시더니 죄를 범한 형제를 공동체에서 어떻게 다루어야 하는지 가르쳐 주고 계십니다.

게다가 알아듣지도 못할 까따르비아, 즉 교회에서 출교하라니요? 도대체 무슨 말씀을 하시는 겁니까?

눈처럼 소중하고
손처럼
중요해도

제자들은 교회가 뭔지는 몰라도 이방인과 세리같이 여기라는 말은 알아들었을 것입니다. 이방인과 세리는 유대인들이 가장 접촉하기 꺼려했던 사람들입니다. 그들처럼 여기라는 것은 '출교黜教'를 의미합니다. 아예 교적敎籍에서 파 버리는 것입니다. 생각만 해도 끔찍합니다.

천국에서 누가 더 큰가 하는 문제가 사람들의 권면과 교회의 치리를 따르지 않으면 쫓아내라는 데까지 이어졌습니다. 도대체 예수님이 하고 싶으신 말씀은 무엇일까요?

뒤에 이어지는 말씀을 보니 무엇이든지 땅에서 매면 하늘에서도 매일 것이고 무엇이든지 땅에서 풀면 하늘에서도 풀릴 것이라고 하셨습니다(마 18:18). 어디서 많이 들어본 말씀 같지 않습니까?

그렇습니다. 베드로에게 천국 열쇠를 주실 때 하셨던 말씀과 같습니다. 베드로의 고백 위에 교회를 세우고 예수 그리스도를 향한 고백이 있는 곳, 즉 교회에서 매면 하늘에서도 반응하여 매고, 풀면 하늘에서도 푼다는 뜻입니다.

원래 기도는 하늘의 것이 땅에서 이루어지게 하는 통로입니다. 땅의 것이 하늘에 이루어지는 것이 아니란 말입니다. 그런데 놀랍게도 땅에서 매면 하늘에서도 매이는 곳이 있는데 그곳이 바로 교회입니다.

땅에서 매면 하늘에서도 맨다는 것은 만약에 교회에서 출교시키면 하늘에서도 출교시킨다는 뜻으로 해석할 수 있습니다. 거꾸로 땅에서 복음이 흘러가면 하늘에서도 구원이 열린다는 뜻이니 무섭기도 하고 은혜롭기도 한 말입니다.

천국 공동체에는 또 다른 이중성이 있습니다. 어린아이같이 하나님을 바라보고, 잃어버린 한 마리 양을 찾아 나서는 생명의 공동체인 동시에 손발을 자르고 눈을 뽑아내 버려야 할 때도 있는 무서운 공동체이기도 합니다.

"만일 네 손이나 네 발이 너를 범죄하게 하거든 찍어 내버리라 장애인이나 다리 저는 자로 영생에 들어가는 것이 두 손과 두 발을 가지고 영원한 불에 던져지는 것보다 나으니라 만일 네 눈이 너를 범죄하게 하거든 빼어 내버리라 한 눈으로 영생에 들어가는 것이 두 눈을 가지고 지옥 불에 던져지는 것보다 나으니라"(마태복음 18:8-9).

뱀이 '하나님과 같이'라는 비교의 말로 하와를 실족시켜서 죄가 들어왔습니다. 비교에 들어가면 큰 쪽은 교만해져서 실족하고 작은 쪽은 좌절해서 실족합니다. 따라서 누가 더 큰가 하고 다투면 둘 다 실족하는 일이 반드시 벌어집니다.

"만일 네 손이나 네 발이 너를 범죄하게 하거든 찍어 내버리라"는 것은 "만일 너를 실족케 하는 것이 네 손과 발처럼 중요한 것일지라도 찍어 내버리라"는 뜻입니다.

하나님 나라는 예수 그리스도와의 관계 안에 있습니다. 예수님을 주로 고백하는 공동체에서 영생을 위협하는 존재가 있다면 과감하게 잘라 버리라는 뜻입니다. 공동체가 생명 안에서 자라는 데 방해되는 것은 잘라내야 합니다.

그가 눈처럼 소중하고 손처럼 중요해도, 그가 파이터요 박사요 권력자에 재력가라고 해도 세상의 힘은 천국 공동체 안에 들어올 수가 없습니다.

하나님 나라에는
스스로 크는 자가
없다

또한 "내 힘으로 해냈어. 난 위대해" 하고 자고自高하는 것도 실족의 지름 길입니다. 사람이 보기에는 위대할지 모르지만 주님의 방법과 주님의 관계에서 멀어져 있다면 그 자체로 실족이고 저주입니다. 실족케 하는 일이 일어난다면, 그것은 하나님의 방법이 아닙니다.

예수님은 실족케 하는 것을 잘라 버리라고 하셨습니다. 주님을 좇고 생명을 살리는 데서 실족케 하는 것, 자기중심으로 가게 하는 것, 자기를 드러나게 하는 것 그리고 다른 사람을 실족케 하는 것을 신앙으로 잘라내 버리라는 것입니다. 하나님이 주신 능력과 재능으로 다른 자를 실족케 하는 짓을 멈추라는 것입니다.

하나님의 뜻에 반反하는 것이라면 그 어떤 것이라도 잘라내 버리십시오. 손발처럼 중요하고 아름답고 자랑스러운 것일지라도 잘라 버려야 합니다. 만약에 자리가 당신을 교만하게 만들면 자리에서 겸손히 내려오십시오. 우쭐하고 싶은 마음, 자랑하고 싶은 마음을 내려놓으십시오.

하나님이 당신에게 많은 달란트를 주셨다면 적게 받은 자를 업신여기지 마십시오. 많이 받은 자에게서 많이 찾는다고 하셨습니다. 달란트를 주신 데는 이유가 있습니다. 많이 가진 자로 적게 가진 자를 세우게 하시는 하나님입니다.

하나님 나라에서 큰 자가 되고 싶습니까? 실제적인 팁을 드리겠습니다. 교회에서 봉사하십시오. 교회를 위해 땀과 눈물을 흘리며 하나님 나라를 세우는 자가 큰 자입니다. 하나님 나라를 세워야 할 자가 자기 자신을 세우고, 교회의 유익을 생각해야 할 사람이 자기 유익만을 생각하니까 예수 그리스도의 몸 된 교회가 무너지는 겁니다.

가서 땀 흘리십시오. 큰 교회에서 우아하게 신앙생활하는 사람들이 부럽습니까? 지금 다니고 있는 당신의 교회가 작고 초라해 보입니까? 바라봐야 할 것을 바라보십시오. 사람으로 채워진 교회를 보지 말고 하나님으로 가득한 교회를 보십시오. 하나님이 당신에게 허락하신 공동체를 사랑하고 어린아이처럼 순종하면서 세워 가십시오. 하나님이 거하시는 교회를 사랑하고, 사랑하기 때문에 땀 흘리고 봉사하는 자가 하나님 나라에서 큰 자입니다. 하나님 나라를 당신의 머리로 재지 마십시오. 당신 머리 안에 있는 나라가 아닙니다.

"왜 하나님이 내게 이런 볼품없는 교회를 주셨습니까?"

"왜 내게 이런 삶을 주셨습니까?"

왜 그러셨는지 저는 모릅니다.

하지만 이것은 압니다. 보내심 받은 그곳에서 어린아이처럼 순종하면 하나님의 영광이 그곳에 임한다는 것과 순종하기 위해 애쓴 당신을 잊지 않으신다는 것을 압니다. 당신에게 맡기신 '그 교회'에서 두세 사람이 합심하여 기도하면 그곳에 하나님 나라가 임할 것이라는 것을 압니다. 그리고 가정과 학교와 직장에서 신앙 고백을 지키며 어린아이같이 주님을 좇는다면 주님이 이렇게 말씀하실 것이라는 걸 압니다.

"너야말로 큰 자다."

천국은 로꾸거,
용기가
필요하다

천국은 어린아이와 같은 자의 것입니다. 어린아이는 영향력을 발휘할 수 없는 작은 자입니다. 어린아이의 가장 큰 특징이 무엇입니까? 아무리 고집 센 아이라도 부모의 권위를 인정한다는 것입니다.

네 살짜리가 부모한테 덤비다가 짐 싸서 나가는 것 봤습니까? 사탕 달라고 울며 아무리 떼써도 결국은 엄마 아빠 품에 안깁니다. 어린아이는 적어도 부모가 권위자라는 것을 알고 있습니다.

천국은 스스로 크고자 하는 자가 아니라 주님의 권위를 인정하는 작은 자가 들어갈 수 있는 곳입니다. 세상 논리와는 전혀 다르게 돌아가는 곳입니다.

예수님은 "첫째가 되고자 하면 뭇 사람의 끝이 되며 뭇 사람을 섬기는 자가 되어야"(막 9:35) 한다고 하셨습니다. 세상에서는 첫째가 되고 싶으면 당연히 맨 앞에 서야 합니다. 다른 사람을 밀치든 주저앉히든 어떻게 해서라도 앞으로 나가야 합니다. 그런데 예수님은 첫째가 되고 싶으면 맨 뒤로 가라고 하십니다. 천국은 세상과 거꾸로, 즉 '로꾸거'의 세상입니다.

당신은 첫째가 되기 위해서 꼴찌가 될 용기가 있습니까? 마음을 내려놓기가 참 어렵습니다. 어린아이만이 마음을 내려놓을 수 있습니다. 세상은 싸워서라도 원하는 것을 쟁취하고 자신의 뜻을 관철시키라고 몰아붙입니다. 그러나 하나님 나라는 형제들과 더불어 주님을 바라보고 나보다 남을 더 세워 주고 섬기고 베풀라고 요구합니다. 천국은 힘 있는 자가 아니라 아버지의 마음을 가지고 스스로 몸을 낮추어 섬기고 베푸는 자를 찾기 때문입니다.

천국은 땅의 가치가 아닌 하늘의 가치를 아는 자가 들어가는 곳입니다.

그래서 조심하라고 하는 것입니다. 원하는 것을 손에 넣기 위해서 작은 자를 실족시키는 일이 없도록 조심하십시오. 만약에 실족시킬 일이 있다면 차라리 잘라내 버리십시오. 하나님은 잃어버린 한 마리 양을 찾아 나서는 분이십니다. 그런 목자의 마음을 안다면 자신을 세우기 위해서 작은 자를 실족시킬 수는 없을 것입니다.

그러나 이미 죄를 범했다면 어떻게 해야 합니까? 형제가 죄를 범했는데 얼마나 큰 죄인지는 몰라도 조용히 찾아가서 얘기하고 두세 명이 찾아가서 또 얘기하고 그래도 안 들으면 교회에 알려서 출교까지 의논해야 합니다. 이 정도면 확실한 죄임에 분명합니다.

그런데 여기서 눈여겨봐야 할 부분은 그렇게 분명한 죄인데도 불구하고 왜 몇 번에 걸쳐서 권면하느냐 하는 것입니다.

회개하고 돌아오기를 바라기 때문입니다. 돌아온다면 언제든지 받아 줄 준비를 하는 것입니다. 공동체에서 죄가 발견되었고 교회 치리까지 받아야 할 상황이 되었어도, 죄인을 제거하기 위해서가 아니라 돌아오게 하기 위해서 추궁한다는 것입니다. 돌아올 기회를 주는 것입니다.

까따르비아를
살려라

그러나 돌아오지 않으면 과감하게 잘라내야 합니다.

어떤 교회에 이단 세력이 침투했습니다. 담임목사가 귀히 여기던 성도가 이단에 빠져서 뭇 성도를 미혹시켰습니다. 결국 치리에 들어갔습니다. 그런데 이 과정을 지켜본 몇몇 성도들이 반발하더랍니다. 결국 스무 명 정도가 교회를 떠났습니다. 교회를 오랫동안 섬겨 온 사람을 어떻게 헌신짝처럼 버릴 수가 있느냐며 시험에 들었던 것입니다.

목사님이 이단에 빠진 성도를 정말로 헌신짝처럼 버렸을까요? 아닙니다. 제 살 도려내듯 아팠을 것입니다. 손과 발을 잘라내듯, 눈을 뽑아내 버리듯 고통스러웠을 것입니다. 그러나 그렇게 해서라도 교회를 지켜야 합니다.

얼마나 많은 시간을 함께했는지, 얼마나 많은 헌금을 했는지 그런 게 중요한 게 아닙니다. 자칫 하나님을 향한 초점을 잃어버리면 하나님 나라를 공격하는 세력이 될 수 있습니다. 권면하고 치리해서라도 돌아오기를 기다리지만 그럼에도 불구하고 돌이키지 않으면 잘라내야 합니다.

치리까지 갔다는 것은 개인 문제가 아니라 이미 공동체 문제가 되었다는 뜻입니다. 즉 하나님 나라의 문제가 됐다는 것입니다.

까따르비아에서 내보내는 일은 뜨거운 분노나 차가운 냉정으로써가 아니라 애타는 심정, 애끓는 눈물로써 이루어져야 합니다.

왼손이 제 구실을 못하고 그냥 달랑달랑 달려 있는 사람이 있습니다. 그렇다고 이 손을 잘라내 버릴까요? 힘도 못 쓰고 흔들흔들 볼품도 없는 손이니 "넌 손으로서 역할을 못하니까 직무유기야. 그러니 잘라 버릴 거야"라고 할까요? 아닙니다. 어떻게 해서든 최대한 달고 다닐 것입니다.

그런데 어떤 사람은 겉으로 보기에는 멀쩡한데 왼손에 암 덩어리가 생겼답니다. 어떻게 해야 할까요? 잘라내야 합니다. 살려면 잘라내야 하는 것입니다. "쓸 만해 보이는데 그냥 놔두면 안 될까" 하고 고민합니까? 없어서는 안 될 만큼 중요한 손과 발이라도 심지어 눈이라도 살기 위해서는 잘라내고 빼어 버릴 것입니다.

이것이 공동체 문제입니다. 이단에 현혹된 사람들이 돌아올 기회를 주어야 합니다. 용서 받을 기회를 주어야 합니다. 그러나 끝내 돌이키지 않고 계속 고집을 부리며 공동체에 해악을 끼친다면 그때부터 침묵해서는 안 됩니다. 까따르비아를 살리기 위해 눈물로써 잘라내야 합니다. 단순히 미워서가 아니라 모두를 살리기 위해서 흐르는 눈물을 훔치며 자르는 것입니다.

자신을
사랑해야
용서할 수 있다

●

그 때에 베드로가 나아와 이르되
주여 형제가 내게 죄를 범하면
몇 번이나 용서하여 주리이까
일곱 번까지 하오리이까
예수께서 이르시되 네게 이르노니
일곱 번뿐 아니라 일곱 번을 일흔 번까지라도 할지니라
마태복음 18:21-22

본질에서 벗어나면
끝 간 데 없이
묻기만 한다

마태복음 18장을 읽다 보면 질문을 하려면 잘해야겠다는 생각이 듭니다. 천국에서 누가 더 큰가 하는 질문이 얼마나 용서해야 충분한가 하는 문제로까지 확대되었으니 말입니다.

한 청년이 제게 질문을 던졌습니다.

"목사님, 성경을 보면 술에 취하지 말라고 했지, 술을 입에도 대지도 말라는 얘기는 없던데요. 담배 피우지 말라는 구절도 없어요."

질문을 보면 그의 관심사를 알 수 있습니다. 청년의 관심은 어디에 있습니까? 성경입니까? 아닙니다. 술과 담배에 있습니다. 그의 속내를 알아차린 제가 어떻게 했겠습니까? 곁에 앉히고 상담에 들어갔습니다.

"그러고 보니 자네 주일예배 때 잘 안 보이던데 무슨 일 있어? 큐티는 잘하고 있어? 기도는 얼마나 하지? 매일 성경을 읽고 있나?"

"목사님, 그냥 성경에 그런 구절이 없으면 없다, 그럼에도 불구하고 술, 담배를 하지 말아야 하면 하지 말라고 하면 될 것을, 왜 다른 얘기를 하세요?"

"자네가 만약에 하나님 말씀을 진짜로 사랑하고 있다면, 진짜로 기도하고 있다면 그 따위 질문은 안 할 것이기 때문이야!"

본질을 놓치니까 그런 질문이 나오는 것입니다.

"술 마시면 안 되나요?" 하고 묻는 사람에게 "안 돼"라고 대답하면 그 다음엔 이렇게 묻습니다.

"그럼, 담배는요?"

"담배도 안 돼."

"그럼, 가스 흡입은요?"

"안 돼."

"그럼, 마약은요?"

본질에서부터 어긋나면 계속해서 끝 간 데 없이 다른 방향으로 나아가게 됩니다. 반면에 본질을 굳건히 하면 잡다한 것들이 사라집니다. 그래서 인생은 본질의 문제입니다.

살다 보면 어려움에 부딪히고 낙담하고 원망하고 실족하기도 합니다. 저도 낙담해 봤고 실망해 봤고 포기해 봤습니다.

그런데 시간이 지나고 보니 무엇이 보이는지 아십니까? 낙담한 시간만큼, 포기한 시간만큼, 손 놓은 시간만큼 쌓인 삶의 손실이 보입니다.

부모님을 원망하면서 "에이, 내가 공부하나 봐라"라고 해 봤자 당신만 무식해집니다. 세상에 화가 나서 "에이, 내 맘대로 하고 살 거야" 하면 당신만 상합니다. 포기가 답이 아니고 끝 간 데 없이 엉뚱한 것에 골몰하는 게 답이 아니란 뜻입니다.

낙담될 때 무슨 일이든 맡겨진 일을 하십시오. 공부가 염려되면 공부하십시오. 그래야 해결됩니다. 걱정하고 염려하고 불안해해 봤자 아무 답도 찾을 수 없습니다.

하나님이 당신에게 원하시는 것에 관심을 두지 않으면 질문은 할 수 있지만 해결책은 얻을 수 없습니다.

용서하기엔
내가 너무
소중하다

제자들이 그랬습니다.

"천국에서 누가 더 큰가?"

얼핏 보기에 하나님 나라를 생각하는 것 같지만 실제로는 하나님 나라와 전혀 관계없는 질문이었습니다. 누가 더 큰가에 관심 있는 사람은 크기를 좇아 달립니다. 그러나 그렇게 달릴수록 하나님 나라와는 점점 더 멀어진다는 사실을 아십니까?

베드로가 물었습니다.

"몇 번이나 용서하면 될까요? 일곱 번이면 되겠습니까?"

당시에 랍비들은 세 번까지 용서하라고 가르쳤습니다. 이 정도면 아량을 베푸는 것입니다. 그런데 베드로가 일곱 번까지 용서하면 되겠느냐고 물으니 마음씀씀이가 얼마나 큽니까. 세 번에 갑절보다 하나가 더 많습니다.

단지 많다는 것을 넘어서 유대인에게 7은 굉장히 의미 있는 숫자입니다. 하나님이 천지 창조 후에 일곱 번째 날에 안식하셨으므로 7은 거룩한 숫자요 완전수입니다.

베드로는 일곱 번 정도 참으면 차고도 넘치도록 참은 게 아니냐고 자신 있게 물은 것입니다. 그런데 예수님은 베드로의 기대를 저버리고 '일곱 번을 일흔 번까지라도' 용서하라고 하셨습니다.

도대체 몇 번이나 용서하라는 말씀입니까? 애매합니다. 7 더하기 70입니까? 7 곱하기 70입니까? 아무튼 정확한 계산이 중요한 것은 아닙니다.

인간은 자기 잘난 맛에 삽니다. 잘못을 저지른 상대방이 안쓰럽게 보이기보다는 내가 입은 손해가 더 커 보이고 자신이 더 안쓰럽게 느껴집니다. 이것이 인간의 마음입니다.

아버지를 바라보는 어린아이와 같은 눈이 있어야 용서도 가능합니다.

진짜 일곱 번까지 용서할 수 있을까요? 칠백 번도 용서할 수 있는 죄가 있습니다. 서너 살배기 꼬마들이 자꾸 제 방에 쳐들어옵니다. 제멋대로 사탕을 집어갑니다. 하루에도 몇 번씩 문을 벌컥 열고 들어와 사탕을 내놓으라고 생짜를 부립니다. 아까 받아가지 않았느냐고 말해 봤자 소용이 없습니다. 저를 바보로 아는 거죠. 제가 어떻게 해야 할까요? 아이를 앉혀 놓고 "네가 기억력이 떨어진 모양인데, 아까 9시쯤 파란색 사탕 하나 가져갔고 30분쯤 있다가 또 빨간색 사탕 가져갔거든. 오늘만 해도 벌써 네 개나 가져갔어. 자꾸 이런 식으로 떼를 쓰면 네 치아 건강에 도움이 안 될 뿐 아니라 너의 도덕성에도 치명적인 문제가……" 하고 조목조목 따지며 토론할까요? 아닙니다. 그냥 웃으면서 용서하고 머리를 쓰다듬어 줍니다. 얼마든지 용서할 수 있습니다.

그러나 어떤 죄는 생각만 해도 분노가 치밀어 오릅니다. 단 한 번 용서하기도 어렵습니다. 일곱 번 용서한다는 건 교만입니다. 몇 번쯤은 용서할 수 있겠다고 생각하는 자체가 착각이고 교만입니다.

용서를 알려면
돌이키는 법부터
배워라

베드로가 용서의 한계를 물었습니다. 그런데 예수님은 용서에는 한계가 없다고 대답하셨습니다. 한계를 정하지 말라는 뜻입니다. 우리는 대체 언제까지, 얼마나 용서해야 하는가 하고 고민하지만 하나님께는 한계라는 개념이 아예 없습니다.

용서는 내가 하는 것이 아니라 하나님의 마음으로 하는 것이기 때문에 한계를 두지 말라는 것입니다. 저와 당신을 향한 십자가의 사랑이 끝없기 때문입니다

그러나 용서에는 전제 조건이 있습니다. 회개할 때 용서하는 것입니다.

"너희는 스스로 조심하라 만일 네 형제가 죄를 범하거든 경고하고 회개하거든 용서하라 만일 하루에 일곱 번이라도 네게 죄를 짓고 일곱 번 네게 돌아와 내가 회개하노라 하거든 너는 용서하라 하시더라"(누가복음 17:3-4).

회개는 스스로 큰 자라 여기며 자기 멋대로 하지 않고 하나님께로 방향을

트는 것이기 때문입니다. 아버지를 바라보는 어린아이가 되기로 돌이키는 것입니다. 회개가 용서의 조건입니다.

평소에 두 아들에게 다른 건 몰라도 이것만큼은 절대로 용서하지 않겠다고 가르친 것이 두 가지 있습니다. 예배 시간에 떠드는 것과 부모한테 덤비는 것입니다. 부모에게 버릇없이 구는 것을 그대로 놔두면 나중에 커서 하나님께도 도전할 수 있기 때문입니다.

아이들이 어렸을 때 놀다가 짜증난다고 장난감으로 엄마 아빠를 때리기라도 하면 절대 그냥 넘어가지 않았습니다. 무조건 바로잡았습니다.

저희 둘째 아이의 고집이 얼마나 센지 모릅니다. 생후 18개월쯤 되었을 때 새벽 2시에 방에서 쫓아낸 적이 있습니다. 이런 얘기를 하면 사람들이 깜짝 놀랍니다. 저도 깜짝 놀랍니다. 돌이 되기도 전에 말을 시작한 아이라 18개월 무렵에 이미 서너 살 정도로 여겼던 것 같습니다.

둘째가 엄마에게 대들었습니다. 제가 경고하며 타일러 훈계했습니다.

"하지 마라. 그건 나쁜 짓이야. 부모를 공경해야 하고, 부모를 공경하는 자가 하나님을 공경한단다."

몇 번씩이나 얘기했지만 소용없었습니다. 급기야 "그러다가 아빠한테 맞는다" 하고 무섭게 말했는데도 아이가 들은 척도 하지 않았습니다. 결국 징계에 들어갔습니다. 빈 페트병으로 아이의 엉덩이를 때렸습니다. 소리만 요란할 뿐 별로 아프지 않은 몽둥이입니다. 하지만 제 손이 워낙 매서우니 진짜로 아팠을지도 모릅니다.

"어서 엄마한테 잘못했다고 빌어!"

그런데도 아이는 꿈쩍도 안 했습니다. 피는 못 속이나 봅니다. 그 아빠에 그 아들입니다. 제가 눈을 부라리면 부라릴수록 아이도 눈을 희번덕거렸습니다. 악인 중에 악인이 따로 없습니다. 때릴 테면 때려 보라고 버팁니다.

할 수 없이 마지막으로 비장의 카드를 꺼냈습니다.

"그럼, 너 쫓아낸다!"

결국 아이를 안고 나가서 방문 밖에 세웠습니다. 그때가 새벽 2시였습니다.

"어서 잘못했다고 해! 엄마 아빠한테 이렇게 하면 안 되는 거야. 네가 잘못한 거라고. 어서 잘못했다고 빌어. 말 안 하면 문 닫는다! 진짜 닫을 거야."

그래도 아이는 입을 꾹 다물고 열지 않았습니다.

하나 둘 셋을 세고 문을 닫았습니다. 문밖에 선 아이가 걱정되어 문틈으로 내다봤습니다. '제발 울기라도 해라. 문을 두드려다오' 하며 마음 졸였습니다.

그런데 이 녀석이 어떻게 했는지 아십니까? 팔짱을 끼고 버티고 서 있었습니다. 누가 봐도 제 아들입니다.

2분 정도 지나자 제가 겁나기 시작했습니다. 그래서 문을 열고 아이를 안고 들어왔습니다. 다시 30분 동안 타이르다가 윽박지르고, 윽박지르다가 타이르기를 반복했습니다.

"잘못했다고 해야 돼. 네가 잘못한 거야. 아빠가 잘못한 게 아냐. 네가 잘못한 거라고."

마침내 아이가 기어들어가는 목소리로 말했습니다.

"잘-못-했-어-요."

그때서야 아이를 품에 안고 달래 주었습니다.

"그렇게 해서 아버지와 아들은 서로 더욱 사랑하게 되었습니다" 하고 해피 엔딩으로 마무리됐으면 얼마나 좋았겠습니까. 그런데 그렇지 않았습니다. 18개월짜리 아들이 장장 석 달 동안 아빠를 알은체도 하지 않았습니다. 단단히 화가 났다 이거죠. 그래서 아이에게 잘 보이려고 한동안 아부도 많이 했습니다.

하마터면 부자간에 의가 상할 뻔했지만 그래도 이것 하나는 분명합니다. 아이의 잘못을 바로 잡아주지 않으면 죄성에 따라 자기 멋대로 살 수도 있다는 것입니다. 하나님보다 자기 자신을 더 크게 여기는 아이로 자라게 내버려둘 수는 없습니다. 부모라면 자식에게 죄에서 돌이키는 법을 가르쳐야 합니다.

왜 돌이켜야 합니까? 하나님 아버지가 삶의 주권자이시기 때문입니다. 하나님을 주라고 고백하기 때문입니다.

자기 고집을 버리고 하나님께 진정으로 돌이키는 법을 배우는 사람이 작은 자, 곧 어린아이입니다. 천국은 어린아이의 것이고, 어린아이가 모인 곳이 바로 교회입니다.

왜 자꾸
나한테만
그러십니까?

어느 교단에서 긴급회의가 열렸습니다. 아무개 목사에 대한 징계를 결정하는 회의였습니다. 단순한 실수였는지 고의적인 잘못이었는지 의견이 분분했습니다. 결국 실수 쪽으로 결론이 났습니다. 목사도 사람입니다. 실수할 수 있습니다. 그러나 교법에 어긋난 실수라는 게 문제였습니다.

"실수라고 하지 않습니까? 그냥 조용히 덮고 넘어갑시다."

"남의 이목도 있고 하니 이 정도 선에서 마무리하고 갑시다."

징계 없이 조용히 마무리되는 듯했습니다. 그런데 한 목사님이 손을 들었습니다.

"안 됩니다. 어쨌든 교법에 반하는 행동을 했으니 이것은 명백한 잘못입니다. 잘못된 것을 알고도 그냥 넘어간다면 법은 무용지물이 됩니다. 법이 무너진다는 것을 모르십니까?"

잠시 침묵이 흘렀지만 곧 웅성거리기 시작했습니다.

"목사들끼리 좀 봐 줍시다. 사정이 딱하지 않습니까."

"그래요, 마음을 넓게 가지세요. 뭘 그리 쫀쫀하게 구십니까?"

그러자 손을 들었던 목사님이 자리에서 일어섰습니다.

"저도 안타깝습니다. 하지만 무조건 잘못을 덮어 주는 것이 사랑은 아닙니다. 고통스럽더라도 바로잡아 주는 것이 진짜 사람을 세우는 일이 아니겠습니까? 그래야 이분이 바로 설 수 있지 않겠습니까? 그렇지 않으면 언제라도 다시 구설수에 오를 수 있습니다. 온전히 회복하기 위해서라도 지금 이 문제를 그냥 넘어가서는 안 됩니다. 이것이 바로 진정한 용서라고 믿습니다."

다시 침묵이 흘렀고 목사님들이 눈물을 글썽이며 고개를 끄덕였습니다.

그렇습니다. 용서란 죄에서 돌이키는 것을 전제로 해야 합니다. 하나님은 당신이 온전하기를 바라시기 때문입니다. 어떤 잘못을 저지르더라도 주님이 바로잡으십니다. 주님의 방법대로 만지십니다.

십자가는 죄의 문제를 그냥 넘어가지 않겠다는 하나님의 뜻을 보여 줍니다. 십자가를 통해 대가를 치르셨기에 온전한 해방이 있고 온전한 자유가 있는 것입니다. 우리는 십자가를 통해 용서를 배우고 용서를 받습니다.

그런데 때때로 용서하기에는 너무 억울할 때가 있습니다. 나만 당하는 것 같고 나만 손해 보는 것 같기 때문입니다.

한때 저도 누군가를 용서하지 못해서 힘들었던 적이 있습니다. 몇 달 동안 그 사람만 생각하면 부들부들 떨리고 잠이 안 왔습니다. 화병이 나서 입술이 갈라지며 피가 날 정도였습니다. 분노로 치를 떨었습니다. 그런데 하나님의 음성을 들으면 더 화가 났습니다.

'그래도 사랑하라고요? 지금 이 상황에서 꼭 그렇게 말씀하셔야만 합니까? 왜 저한테만 그러십니까. 저도 참고 있습니다. 힘들게 참고 있다고요. 가서 똥물 퍼붓지도 않았잖아요. 왜 만날 저만 갖고 그러세요? 그 사람에게도 말씀하셔야죠. 안 그렇습니까?'

하나님께 섭섭했습니다.

한바탕 하소연을 하고 나면 하나님은 긴 침묵에 들어가셨습니다. 말을 해도 들을 귀가 없으니 잠잠히 기다리신 겁니다. 그러다가 화병이 가라앉는 듯하면 다시 "네가 용서하렴" 하고 말씀하시고 그러면 다시 화병이 도지고……. 그렇게 엎치락뒤치락하며 석 달을 보냈습니다. 그동안 기도는 물론 신앙생활을 제대로 못할 지경이었습니다.

그러던 어느 날 주님이 말씀하셨습니다.

"남국아, 그를 사랑하라는 게 아니야. 너를 사랑하라는 거다. 네가 분노를 품고 용서하지 못하면 네 영혼이 병든단다. 그러면 내 나라가 네게 임하지 못해. 왜 그걸 모르니? 그 문제는 내게 맡기고 너는 네 자신을 사랑하렴. 자기 영혼을 사랑하는 자가 용서할 수 있단다."

사과보다, 이해보다
앞선 것은
무엇일까

상대가 사과해야 용서하겠다는 생각은 버리십시오. 인간에게 무엇을 받으려고 하십니까. 사과를 받고 "그것 봐라. 네가 잘못했지? 내가 이겼다. 넌 고 것밖에 안 되는 인간이야. 내가 너보다 한 수 위라는 걸 알아 둬" 하며 스스로 잴 생각이라면 차라리 사과를 받지 않는 것이 낫습니다. 누가 더 큰 사람인가를 겨루는 잘못을 저지르지 마십시오. 하나님께 맡기십시오.

복이 무엇인지 아십니까? 하나님 아버지가 당신을 인정해 주시는 것이 복입니다. 하나님의 마음이 당신에게 임하는 것이 복입니다. 누군가를 용서할 수 있을 만큼 하나님의 마음을 품는 것이 복입니다. 그리스도인은 언제 감격합니까? 하나님 나라가 자기에게 임할 때 기뻐하며 감격합니다. 용서는 하나님 나라가 임하는 길을 닦는 빗자루입니다.

억울함을 붙잡지 마십시오. 주님도 억울함을 당하셨습니다. 그러나 십자가로 인해 수치와 조롱을 당하셨지만 주님은 억울함을 호소하는 대신에 묵묵히 사명을 감당하셨습니다. 이것이 주님의 마음입니다.

최선을 다해 헌신하며 사랑하고 용서하십시오. 그러면 그리스도의 제자라 칭함을 받을 것이요, 주님의 기뻐하는 자요 하나님 나라의 큰 자라 일컬음을 받을 것입니다.

운전하다가 우측 깜빡이를 켜고 끼어들기에 거의 성공했습니다. 그런데 뒤차가 막무가내로 밀고 들어옵니다. 아니나 다를까 쾅 부딪칠 뻔했습니다. 순간 핏대가 확 올라왔습니다. 하지만 마음을 가라앉히고 비상등을 켭니다.

'그래, 미안하다. 내가 끼어드는 게 마음에 안 들었니? 내가 미안하다. 예배 드리러 가야 하는데 싸울 수는 없잖니.'

그런데 뒤차 운전자가 욕지거리를 내뱉으며 다가옵니다.

'응, 들어주자. 말솜씨 한번 걸쭉하구나. 나도 남부럽지 않은 말솜씨를 지녔다만 오늘은 당신에게 양보하는 걸로!'

주먹을 꼭 쥐고 화를 누릅니다.

제가 왜 이런 모습으로 서 있습니까? 왜 이래야만 합니까? 제 마음에 주님이 계시기 때문입니다. 성질대로 퍼붓지 않고 잘잘못을 따지지 않고 마음속으로 이미 상대방을 용서하면서 서 있는 것은 주님의 뜻을 따르기 위해서입니다.

용서보다 사과가 먼저가 아닙니다. 용서보다 이해가 먼저가 아닙니다. 사과받지 못했어도 이해하지 못했어도 용서할 수 있습니다. 하나님의 뜻이기 때문에 용서하는 것입니다.

용서함으로써 당신의 마음이 주님이 머무는 곳이 되게 하십시오. 하나님이 역사하시는 곳이 되게 하십시오.

사랑과 용서는
상관없이, 한계 없이
주는 것이다

용서의 한계는 어디까지입니까? 아버지의 마음을 따라가 보십시오. 한계가 아니라 방향만 보일 것입니다. 하나님 아버지의 마음을 좇는 방향이 중요합니다. 그래서 신앙은 방향성입니다. 우리에게 중요한 것은 옳고 그름이 아니라 애끓는 아버지의 마음입니다.

신앙의 방향이 틀어지면 다 틀어지게 되어 있습니다. 어디에 맞추었느냐에 따라 해석과 은혜가 완전히 바뀝니다. 한계를 운운하는 것은 벌써 방향이 잘못됐다는 증거입니다. 주님을 제대로 좇고 주님을 제대로 안다면 용서의 한계를 묻는 질문은 나오지도 않습니다. 왜냐면 어디까지 용서하면 되는가 하는 질문에는 내가 용서의 주체라는 생각이 깔려 있기 때문입니다. 그러나 용서는 사람이 하는 게 아닙니다. 출발선이 잘못되었고 방향이 틀렸습니다.

탈무드에 이런 이야기가 나옵니다. 어떤 사람이 이웃집에 낫을 빌리러 갔는데 거절당했습니다. 조금 있다가 이웃집에서 말을 빌리러 왔습니다. 이때 "내가 낫을 빌려 달라고 했을 때 안 빌려 줬잖아요. 그러니 나도 말을 빌려 주지 않겠어요"라고 말하면 '복수'입니다. 그런데 "당신은 내게 낫을 빌려 주지 않았지만 나는 당신에게 말을 빌려 주겠어요"라고 말하는 것은 '증오'라고 합니다. 거절이란 상처에 대해 우리가 할 수 있는 것은 복수 아니면 증오입니다.

탈무드에 나오지 않은 이야기를 들려드리겠습니다. 복수와 증오, 두 가지 대답만 있는 것은 아닙니다. '사랑'이 있습니다. 이웃집이 내 부탁을 거절했던 적이 있다는 사실 자체를 기억하지 않는 것입니다. 거절했던 것을 기억하고 똑같이 되갚아 주는 것이 복수입니다. 거절당했던 기억을 달래기 위해 상대를 업신여기는 마음으로 '나는 당신과 다르다'는 심정으로 빌려 주면 증오입니다.

당신이 무엇을 잃고 무엇을 얻었느냐에 상관없이 내어 주는 것이 사랑이라면, '몇 번이나 어느 정도까지' 한계를 정하지 않고 베푸는 것이 용서입니다.

하나님 나라는 하나님이 다스리는 나라입니다. 하나님의 통치가 흐르는 나라입니다. 그냥 들어갈 수 있는 곳이 아닙니다. 회계하고 결산해야 들어갑니다. 이 땅에서 어떤 삶을 살았는지에 대한 책임을 묻는다는 뜻입니다.

예수 그리스도가 기꺼이 십자가를 지심으로 말미암아 대가를 치렀기 때문에 우리가 천국에 들어갈 수 있는 것입니다. 당신이 받은 구원을, 받은 용서를 값싸게 여기지 마십시오.

작은 신음소리,
잊힌 소리가 역사를 바꾼다

2011. 12. 22 마커스 토요일예배모임

역사를
바꾸는
가냘픈 소리

한나가 될까
브닌나가 될까

●

에브라임 산지 라마다임소빔에 에브라임 사람 엘가나라 하는 사람이 있었으니
그는 여로함의 아들이요 엘리후의 손자요 도후의 증손이요 숩의 현손이더라
그에게 두 아내가 있었으니 한 사람의 이름은 한나요 한 사람의 이름은 브닌나라
브닌나에게는 자식이 있고 한나에게는 자식이 없었더라
이 사람이 매년 자기 성읍에서 나와서 실로에 올라가서
만군의 여호와께 예배하며 제사를 드렸는데
엘리의 두 아들 홉니와 비느하스가 여호와의 제사장으로 거기에 있었더라
엘가나가 제사를 드리는 날에는 제물의 분깃을
그의 아내 브닌나와 그의 모든 자녀에게 주고 한나에게는 갑절을 주니
이는 그를 사랑함이라 그러나 여호와께서 그에게 임신하지 못하게 하시니
여호와께서 그에게 임신하지 못하게 하시므로
그의 적수인 브닌나가 그를 심히 격분하게 하여 괴롭게 하더라
사무엘상 1:1-6

태어나서
처음 갖게 된
소망

저는 불교 집안에서 태어나 자랐습니다. 중3 때 교회라는 곳에 처음 가 보았고 고2 때 주님을 영접했습니다.

어렸을 때 주일학교나 여름성경학교 같은 데에 다녀본 적이 없는 탓에 기독교 관련 상식에는 거의 백지 상태였습니다. 그 흔한 다윗과 골리앗 이야기나 키 작은 삭개오 이야기도 들어본 적이 없었으니 말입니다.

성경퀴즈대회가 열렸는데 제 딴에는 누구보다도 예배에 열심히 참여했으니 많이 맞힐 수 있을 줄 알았습니다. 그런데 기초 지식이 없으니 문제 자체를 이해하지 못하는 경우도 많았습니다.

"신약의 황금률이라고 널리 알려진 성경 구절은 무엇인가요?"

황금률이라니……. 처음 들어보는 말이었습니다. 알 턱이 없습니다. 성경에 그런 내용이 있는지도 처음 알았습니다. 남에게 대접 받고자 하는 대로 남을 대접하라는 가르침을 황금률이라고 합니다. 예수님이 산상수훈 중에 하신 말씀입니다.

"그러므로 무엇이든지 남에게 대접을 받고자 하는 대로 너희도 남을 대접하라 이것이 율법이요 선지자니라"(마태복음 7:12).

지금은 알지만 그때는 전혀 생소한 문제였습니다. 저보다 성경을 많이 읽지 않은 친구가 답을 맞혔습니다. 교회에 오래 다녀서 들은풍월이 있었던 것입니다.

그때 어이쿠 하고 정신이 번쩍 들었습니다. 늦게 믿기 시작했으니 부지런히 따라잡지 않으면 안 되겠다는 도전 의식이 생겼습니다. 모태신앙인 친구들과 비교하자면 십 몇 년을 뒤진 셈입니다. 도대체 어떻게 해야 할까요?

성경을 많이 읽는 수밖에 없었습니다. 교회 생활 열심히 하고 성경도 부지런히 읽었습니다. 세상에서는 들어보지 못했던 많은 것들을 알아갔습니다. 하나님의 사람들에 대해 배웠습니다. 그러자 제 안에 소망이 생겼습니다.

"나도 하나님의 사람이 되고 싶다. 하나님을 좇는 인생을 살고 싶다."

하고많은 이름 중에
왜 하필
한나인가?

하나님께 소망을 둔 그리스도인이 만나 결혼을 해서 아이를 낳으면 믿음과 소망을 담아 이름을 짓곤 합니다. 그중에서 가장 인기 있는 이름이 무엇인지 아십니까? 바로 한나와 사무엘입니다.

그런데 왜 하필 한나일까요? 많고 많은 이름 중에 왜 한나입니까? 왜 아이에게 한나라는 이름을 지어 주는지 한동안 도저히 이해할 수가 없었습니다. 한나가 어떤 인생을 살았습니까? 제가 보기엔 그렇게 사모할 만한 인생이 아니었습니다.

오랫동안 아이를 못 낳아서 고생했던 여자입니다. 아이를 숨풍숨풍 낳는 브닌나가 얼마나 속을 긁었습니까? 게다가 그렇게 힘들게 기도해서 얻은 아들을 겨우 젖 뗄 때까지만 키우고 하나님께 바쳤습니다. 무슨 인생이 이렇습니까? 내 딸이 이런 인생을 살았으면 좋겠다고요? 미쳤습니까? 성경에 나오는 여자가 한나 밖에 없습니까? 더 좋고 멋진 이름들이 왜 없습니까? 에스더도 있고 드보라도 있지 않습니까. 그런데 왜 굳이 한나라고 짓습니까? 인간적인 상식으로는 전혀 이해할 수 없었습니다.

그러나 성경을 읽고 신앙이 자라가면서 믿음으로 이해되기 시작했습니다. 사람들이 왜 한나라는 이름을 좋아하는지 이해가 됐습니다. 더 나아가 타락한 사사기 시대에서 위대한 선지자 사무엘의 시대로 넘어갈 때 한나라는 여인의 이야기가 왜 필요했는지 이해할 수 있었습니다.

하나님은 왜 한나에게 주목하셨을까요?

아이를 낳지 못하는 한나에게는 마주칠 때마다 가슴을 후벼 파는 남편의 또 다른 아내 브닌나가 있었습니다. 매년 제사 드리러 갈 때마다 브닌나는 자녀들을 거느리고 잔뜩 으스대며 한나를 약 올렸습니다. 한나에게는 가장 가슴 아픈 날입니다. 피하고 싶을 만큼 괴로웠을 것입니다. 제발 마주치지 말았으면, 마주칠 일이 없었으면 하고 바랐을지도 모릅니다. 할 수만 있다면 피하고 싶었을 것입니다.

그러나 한나는 피하지 않았습니다. 매년 브닌나와 그 자녀들을 보면 죽을

듯이 아팠지만 그렇다고 하나님께 드리는 예배에 빠질 수는 없었습니다.

한나가 자신이 처한 상황과 상관없이 꾸준히 예배드리는 모습에 새삼 감동을 느꼈습니다. 그리고 나도 한나처럼 믿음 생활을 하면 되겠구나 하고 생각했습니다.

"아무리 힘든 상황이라도 하나님께 나아와 예배드려야겠다. 내 뜻대로가 아니라 하나님의 뜻대로 예배드리는 사람이 되겠다."

안 믿는 집안에서 태어난 제가 교회에 다니기 시작하면서 평소에 안 하던 짓을 많이 했습니다. 그래서 부모님께 미친놈 소리도 들었습니다. 완전히 예수에 미쳐 돌아다닌다고 걱정 반 핀잔 반 퍼부으셨습니다.

영양실조 상태로 태어난 이후 줄곧 허약체질이었던 저는 지금도 아침에 잠자리에서 일어나는 것이 고역입니다. 눈을 떠도 위가 깨어나질 않습니다. 오죽하면 아침식사를 정오에 하겠습니까. 정신 차리기도 힘듭니다. 그러니 새벽기도는 꿈도 못 꿉니다.

그런 제가 교회에 가기 위해서 새벽 5시에 일어나 주섬주섬 챙겨서 몰래 집을 나섰습니다. 주일학교 교사, 성가대, 선교단, 청년부……. 속한 데도 많고 할 일도 많았습니다. 다 마치고 집에 가면 밤 12시가 넘기 일쑤였습니다.

불교 집안에서 혼자 교회에 다니는 아이, 그것도 주일은 하루 종일 교회에서 사는 아이가 부모님 보시기에 정상이었겠습니까. 그러니 미친놈 소리를 듣지요. 나중에 목사가 되겠다고 말씀 드리니 언젠가 그 소리 할 줄 알았다고 혀를 끌끌 차셨습니다.

부모님과 주변 사람들이 아무리 저를 격분시켜도 주일마다 주님 앞에 나아가는 것만큼은 최선을 다해서 감당했습니다. 요셉처럼 감옥에 갇히는 고난은 감당할 자신이 없지만, 다니엘처럼 사자 굴에 들어가는 건 상상도 할 수 없지만 한나처럼은 할 수 있을 것 같았습니다. 묵묵히 참으며 꾸준하게 하나님을 좇는 것만큼은 할 수 있을 것 같았습니다.

똑같아 보여도
전혀
다르다

힘들 때마다 주님 앞에 나아가 기도했습니다. 그렇게 하면서 '그래, 나도 한나처럼 살 수 있어' 하고 자신감이 생겼습니다.

흥분되지 않습니까? 이 정도 삶은 살 수 있을 것 같은데 잘만 하면 하나님께 귀하게 쓰임 받을 수도 있다는 희망이 보이지 않나요? '어디 나도 한 번……'이란 생각이 들지 않습니까? 하나님이 "주일예배 빼먹지 말고 힘들 때마다 내게 나아와 기도해라. 네 주가 누구인지 잊지 말고 주를 기쁘게 하고 주께 영광 돌리는 삶을 살아라. 이렇게만 산다면 너를 들어서 역사를 바꾸는 위대한 도구로 사용하겠다"라고 하신다면 그렇게 살아 볼 만하지 않습니까?

그런데 좀 이상하지 않습니까? 저도 따라할 수 있을 정도의 삶인데 하나님은 왜 한나를 택하셨을까요? 그에게서 무엇을 보셨기에 이스라엘 역사에 이름을 남기게 하셨을까요?

제 아들이 태어났던 때가 생각납니다. 아기를 보러 신생아실로 갔는데 제 아이가 어디에 누웠는지 통 알아볼 수가 없었습니다. 다 그놈이 그놈 같았습니다. 간호사가 한 아기를 지목하며 "아드님이 여기 있네요. 아빠를 닮아서 아주 잘 생겼어요" 하고 인사했습니다. 제가 보기엔 쭈글쭈글한 외계인 같은데 저를 닮았다니요…… . 잘 생겼다는 멘트는 인사치레라는 것을 알았습니다. 으레 아들은 잘 생겼다, 딸은 예쁘다 하고 인사하는 것뿐이었습니다.

그곳에 누워 있는 수많은 아기들을 보면서 이런 생각이 들었습니다.

'이중에 어떤 아이는 시대를 바꿀 만한 위대한 인물이 될 테고, 또 어떤 아이는 차라리 태어나지 않았으면 좋았을 가룟 유다가 될 수도 있다. 어떻게 자라는가가 문제로구나! 잘 키워야겠다.'

작은 생명들 앞에서 갑자기 울컥해서 기도를 드렸습니다.

"하나님, 이 아이들이 다 하나님을 알고 하나님을 좇는 삶을 살기를 원합니다. 특별히 제 아들을 기억해 주십시오. 제 아들이 하나님의 사람으로 자라나기를 원합니다."

한 자리에서 같이 예배를 드려도 어떤 이는 하나님을 만나고 또 어떤 이는 구경만 하고 돌아갑니다. 같은 시간을 살아도 어떤 이는 역사를 바꾸는 삶을 살고 또 어떤 이는 허송세월만 하기도 합니다.

매년 같은 때에 하나님께 예배드리러 가는데 브닌나는 한나를 격분시키고 한나는 하나님을 감동시킵니다. 한 명은 역사를 바꾼 여인으로 기록되고 또 한 명은 하나님께 선택 받은 사람을 옆에서 괴롭힌 여인으로 기록되었습니다.

똑같은 시대에 똑같이 성전에 들어가 똑같이 예배드렸습니다. 그런데 하나님은 한 여인만 택하셨습니다. 하나님은 한나만 주목하셨습니다.

아무리 기도해도 소용없어. 하나님은 당신을 버리셨어

하나님은 한나에게 자녀를 주지 않으셨습니다. 그런데 남편의 또 다른 아내인 브닌나는 자녀 복이 터졌습니다. 게다가 브닌나는 한나를 위로하기는커녕 심히 격분시키며 괴롭혔습니다. 여기서 '괴롭히다(삼상 1:6)'는 단어는 아래에 나오는 '우레'와 같은 뜻입니다.

> "여호와를 대적하는 자는 산산이 깨어질 것이라 하늘에서 우레로 그들을 치시리로다 여호와께서 땅 끝까지 심판을 내리시고 자기 왕에게 힘을 주시며 자기의 기름 부음을 받은 자의 뿔을 높이시리로다 하니라"(사무엘상 2:10).

브닌나가 악의적으로 한나를 괴롭혔다는 뜻입니다. 한나의 속은 우레가 치듯 산산조각이 날 지경이었습니다.

남편 엘가나가 누구를 더 사랑했습니까? 한나를 더 사랑했습니다. 그런데 사랑하는 여인이 아이를 못 낳습니다. 한나만 하나님께 기도드렸을까요? 엘가나는 안 했겠습니까? 사랑하는 한나의 괴로움을 아는 엘가나가 기도를 안

했을까요? 엘가나도 기도하고 한나도 기도했을 것입니다.

그런데 서로 사랑하는 사람들이 그렇게 전심으로 기도했는데도 하나님은 그들에게 아기를 주지 않으셨습니다. 하나님이 주시지 않는데 어떻게 하란 말입니까?

브닌나가 뭐라고 괴롭혔을 것 같습니까?

"한나, 당신이 아무리 기도해도 안 되잖아. 그렇게 열심히 기도해 봤자 하나님이 당신 기도는 안 들어주셔. 당신은 하나님께 버림받은 거라고!"

신앙생활에서 가장 힘든 게 뭔지 아십니까? 고난의 이유를 알면 견딜 만합니다. 잘못이 있다면 고치면 됩니다. 그런데 하나님께 버림받은 것 같은 느낌만큼은 그야말로 끔찍합니다. 이처럼 괴로운 게 없습니다.

주님이 외면하시는 것 같은, 붙잡아 주시지 않는 것 같을 때 마음이 어떻겠습니까? 좌절합니다. 브닌나의 조롱을 듣는 한나는 하나님께 버림받은 것 같은 느낌에 좌절합니다. 브닌나는 한 남편을 사이에 둔 가족입니다. 믿음의 공동체로서 매년 함께 예배드리러 갑니다.

요즘 교회에서 상처받고 떠난다는 사람이 얼마나 많습니까? 한나 같은 경우라면 떠나도 벌써 떠났을 것입니다. 그런데도 한나는 하나님 앞을 떠나지 않습니다. 꿋꿋하게 예배에 참석하고 기도회에 빠지지 않습니다.

그래도
여호와는
나의 왕이시다

한나가 살았던 때는 각기 자기 소견에 옳은 대로 행하던 시대입니다. 이스라엘은 자기 멋대로 사느라 타락을 일삼았고 때문에 이방인에게 조롱당하곤 했습니다.

한나는 그런 시대를 살았습니다. 그런데 그럼에도 불구하고 한나와 엘가나 가족은 매년 빠지지 않고 하나님께 제사 드리러 나아갔습니다. 하나님은 이 가정에 주목하셨습니다.

엘가나는 "에브라임 산지 라마다임소빔에 살았으며 여로함의 아들이요 엘리후의 손자요 도후의 증손이요 숩의 현손"(삼상 1:1)입니다. 설명이 꽤 자세합니다. 왜 이렇게 길게 설명할까요?

엘가나를 주목하라는 것입니다. 각기 스스로 왕이 되는 시대에 여호와를 왕으로 섬기는 한 가정이 있다는 것입니다.

"이 사람이 매년 자기 성읍에서 나와서 실로에 올라가서 만군의 여호와께 예배하며 제사를 드렸는데 엘리의 두 아들 홉니와 비느하스가 여호와의 제사장으로 거기에 있었더라"(사무엘상 1:3).

엘가나가 누구에게 예배하며 제사를 드렸다고 합니까? 만군의 여호와입니다. 한나도 기도 중에 "만군의 여호와여" 하고 하나님을 불렀습니다. 자신의 고통을 돌아보아 기억하시고 주의 여종에게 아들을 주신다면 그를 하나님께 드리겠다고 서원했습니다(삼상 1:11).

만군의 여호와를 고백한 사람이 또 있습니다. 바로 다윗입니다.

> "다윗이 블레셋 사람에게 이르되 너는 칼과 창과 단창으로 내게 나아오거니와 나는 만군의 여호와의 이름 곧 네가 모욕하는 이스라엘 군대의 하나님의 이름으로 네게 나아가노라"(사무엘상 17:45).

엘가나 이전에는 하나님을 '만군의 여호와'라고 부른 기록이 없습니다. 사무엘상에서만 다섯 번 나오는데 여기서 처음 등장합니다. 각기 자기가 왕이라고 으스대는 시대에 하나님을 만군의 여호와, 즉 나의 왕이라고 고백한 가정이 있었던 것입니다.

한나가 고통 중에도 하나님께 나갈 수 있었던 건 그의 마음속에 '나의 하나님은 만군의 여호와'라는 게 분명히 서 있기 때문입니다.

"당신이 기도해서 얻은 게 뭔데? 하나님이 당신에게 대체 뭘 주셨냐고. 하나님은 당신에게 관심이 없으셔. 그걸 왜 몰라?"

브닌나가 아무리 조롱해도 한나의 중심은 흔들리지 않았습니다. 아이가 있든 없든 "나의 하나님은 만군의 여호와"라고 고백하고 매년 하나님 앞에 나아갔습니다. 그런 한나의 모습에 하나님이 주목하셨습니다.

지금 시대를 보십시오. 착실하게 신앙생활 하는 사람이 미련해 보이는 시대입니다. 눈에 띄게 잘 나가고 사회적으로도 성공해야 하나님께 은혜 받았나 보다 생각합니다. 종교다원주의가 만연하고 인본주의가 판치는 세상입니다. 다들 자기가 옳다고 하고, 자신을 드러내며 살지 않으면 바보라고 합니다. 한나가 살았던 시대와 비슷합니다.

당신은 어떻습니까? 자신의 생각을 내려놓고 하나님의 음성을 좇으며 삽니까? 하나님께 버림받은 듯, 외면당한 듯 쓸쓸할 때에도 묵묵히 하나님께 나아갑니까? '만군의 여호와, 나의 주 하나님'이라고 부릅니까? 한나의 고백은 결코 쉬운 고백이 아닙니다.

보라!
내가 찾던 그가
여기 있다

출애굽기 2장에 기록된 모세의 출생을 잘 살펴보면 이상한 점을 발견하게 될 것입니다.

> "레위 가족 중 한 사람이 가서 레위 여자에게 장가들어 그 여자가 임신
> 하여 아들을 낳으니 그가 잘 생긴 것을 보고 석 달 동안 그를 숨겼으나"
> (출애굽기 2:1-2).

어떻습니까? 이상하지 않습니까? 위대한 모세를 이렇게밖에 설명하지 못하나요? 모세의 부모는 왜 어떤 레위 남자, 어떤 레위 여자로밖에는 설명되지 않았을까요?

그럴만한 이유가 있습니다. 구원은 인간에게 속한 것이 아니라 하나님께 속한 것이기 때문입니다. 주권과 영광이 오직 하나님께만 있으니 굳이 모세의 배경을 자세히 밝힐 필요가 없었던 것입니다.

반면에 사무엘의 부모는 몇 대를 거슬러 올라가면서까지 자세히 설명했습니다. 왜 그랬을까요?

"자기 멋대로 사는 세상에서 하나님의 역사를 보고 믿는 자가 있는가, 하나님을 만군의 여호와, 나의 하나님이라고 고백하는 자가 있는가" 할 때에 "그가 바로 여기 있다"고 보여 주고 싶었던 것입니다.

"그가 여기 있다. 나 여호와가 아이를 주지 않았는데도 불구하고 실망하거나 분노해서 떠나지 않고 오히려 내게 더욱 가까이 다가오는 자가 여기 있다! 보라."

한나는 하나님을 만군의 여호와라 부르고 자신을 '주의 여종'이라고 불렀습니다(삼상 1:11). 자기가 어떤 존재인지 분명히 알고 있었습니다. 주님을 붙잡을 수밖에 없는 하나님의 종이라는 것입니다.

하나님은 각기 자기 소견대로 즐거움을 좇아 사는 사사시대에 하나님을 만군의 여호와로 고백하며 예배드리는 자를 찾으셨고 한나에게 주목하셨습니다.

저는 여기서 소망을 봤습니다. 교회와 가정이 무너지고 민족이 무너지는 시대, 사사시대처럼 각기 잘난 맛에 스스로 왕이 되어 살아가는 이 시대에도 만군의 여호와를 고백하고 주님 앞에 기도하며 예배하고 나아가면 주님이 주목하여 보십니다. 능력 있고 재능 있고 똑똑한 자가 아니라 하나님을 인정하고 고백하며 예배드리는 자를 귀히 보시는 것입니다.

아브라함처럼 본토를 떠날 용기는 없지만, 요셉처럼 엄청난 시련을 감당할 자신은 없지만, 이삭처럼 죽음 앞에서도 순종할 엄두는 내지 못하지만 이것만은 할 수 있을 것 같습니다. 주일마다 빠지지 않고 하나님 앞에 나아가 예배드리고 말씀 읽고 기도하는 것은 할 수 있지 않겠습니까?

우리는 사사시대나 다름없는 혼란한 시대를 살고 있습니다. 교회가 무너졌다고들 합니다. 기독교가 타락했다고 조롱을 듣기도 합니다.

그러나 희망이 있습니다. 하나님이 한 사람을 통해 역사를 바꾸실 것이기 때문입니다. 만군의 여호와를 찾아 부르짖는 한 사람을 찾고 계십니다.

그러니 믿음으로 돌아오십시오. 만군의 여호와를 부르십시오. 예배와 말씀으로 돌아오고, 기도로 나아가십시오. 믿음의 삶을 회복하면 하나님이 역사를 회복하실 것입니다.

하나님,
제 마음
아시지요

20대 때 명동 중앙우체국 앞에서 친구와 만나기로 약속했는데 아무리 기다려도 안 오는 겁니다. 기다리다 지쳐서 주변을 둘러보는데 중앙우체국 앞에 선 커다란 표석이 눈에 들어왔습니다. "눈이 오나 비가 오나"라고 쓰여 있었습니다. 날씨가 아무리 궂어도 편지를 배달한다는 뜻이겠지요.

그걸 보면서 다짐했습니다. 주님이 부르시는 그날까지 눈이 오나 비가 오나 핑계대지 않고 한결같이 예배의 자리에 나아가고 하나님이 원하시는 삶을 살겠다고 말입니다.

얼마 후에 저희 집이 쫄딱 망했습니다. 완전히 망해서 막노동이라도 해야 하루 먹고 살 수 있는 지경에 이르렀습니다.

서울 중곡동에 있는 어린이공원 후문 주차장 축대 공사장에서 새벽 5시부터 하는 막일을 시작했습니다. 산에서 돌을 캐다가 짊어지고 내려오는 일인데 한 달 일하면 정부미 80킬로를 받았습니다. 그 쌀을 팔아서 생활했습니다.

금요일마다 삼각산에 있는 영락기도원에 가서 기도하곤 했는데 산 중턱까지 걸어서 30분 정도 올라가야 합니다. 그런데 하루는 너무 피곤해서 걸음을 뗄 기운조차 안 났습니다. 내 얼굴을 본 친구가 오늘은 집에 가서 쉬는 게 낫겠다고 말해 줄 정도였습니다. 그래서 할 수 없이 집으로 가는 버스에 올랐습니다. 차창 밖으로 눈이 내렸습니다.

그때 별안간 중앙우체국 앞에서 봤던 표석의 글귀가 떠올랐습니다.

"눈이 오나 비가 오나"

표석 앞에서 다짐했던 기도가 마음을 찔렀습니다. 버스에서 내려서 차를 바꿔 타고 다시 기도원으로 향했습니다. 눈이 쌓인 산을 오르면서 내내 "눈이 오나 비가 오나"를 중얼거렸습니다. 그렇게 하지 않으면 나도 모르게 집으로 돌아갈 것 같았기 때문입니다.

기도원에 도착하자마자 무릎 꿇고 기도했습니다. "하나님, 남국이가 왔습니다……" 하고는 그대로 잠이 들었습니다. 누가 밀어 줬더라면 쓰러져서 잤을 텐데, 6시간 동안 무릎 꿇은 자세로 움직이지도 않고 잤습니다.

엎드려 잠든 저를 보고 집사님들이 온갖 상상과 오해를 했을 것입니다.

"이렇게 눈 내리는 날에 젊은이가 기도원을 찾다니, 믿음이 대단한걸. 괜찮은 청년이야."

"얼마나 문제가 심각하면 저렇게 간절하게 기도할꼬, 쯧쯧쯧."

"그런데 왜 꼼짝도 안 한다냐? 시방 조는 거 아녀?"

물론 저는 아무 소리도 듣지 못했습니다.

아침에 눈을 떴는데……, 고개를 들 수가 없었습니다. 얼굴 주변에 축축한 것이 가득 묻어 있었습니다. 콧물을 한 바가지나 흘렸던 것입니다. 엎드린 채로 손으로 대충 수습하고 나서야 고개를 들었습니다. 순간 어떤 집사님과 눈이 마주쳤는데 마치 사탄을 본 듯 놀란 표정을 지으셨습니다. 창피했지만 뛰쳐나갈 수도 없었습니다. 다리가 저리고 무릎이 아파서 도저히 일어날 수가 없었습니다. 할 수 없이 앉은 채로 다시 기도하기 시작했습니다. 얼마 지나서 다리에 쥐가 풀리자 일어날 수 있었습니다.

화장실로 직행해서 볼일을 보고 나서야 거울에 비친 제 얼굴을 볼 수 있었습니다. 눈은 새빨갛게 충혈 되었고 얼굴은 탱탱 부어 있었습니다. 내내 엎드려 있었으니 피가 쏠린 것입니다. 게다가 깍지 낀 손 위에 이마를 댄 채 몇 시간 동안 엎드려 있었더니 이마 위에 화인 맞은 듯이 엄지손가락 모양의 굵고 빨간 자국이 뿔처럼 찍혀 있었습니다. 집사님이 제 얼굴을 보고 놀랄 만했습니다. 딱 사탄의 얼굴이었으니까요.

눈이 쌓인 길을 내려오면서 기도했습니다.

"하나님, 아버지 집에서 잘 자고 돌아갑니다. 눈이 오나 비가 오나 예배의 자리를 지키겠다고 약속 드렸는데 잠자리만 지키고 갑니다. 그래도 제 마음 아시지요, 주님?"

저는 한나의 마음을 이해합니다. 사는 게 너무 고달프면 기도조차 안 나올 때가 있습니다. 그럴 때 누구 앞에서 울겠습니까? 누구에게서 위로받겠습니까? 누구를 붙잡겠습니까? 제가 그랬던 것처럼, 한나는 만군의 여호와 앞에서 울었고 하나님께 위로받기를 원했고 하나님 아버지를 붙잡았습니다.

한나가 될까
브닌나가 될까,
한 끗 차이

한나가 대단한 기도를 드렸습니까? 아닙니다. 설움에 복받쳐서 주를 바라봤을 뿐입니다. 한나는 만군의 여호와 하나님이 그의 고통을 알고 기억하실 것이라고 믿었습니다. 당시 이스라엘 백성 중에 누가 이런 고백을 했겠습니까?

엘가나와 한나 부부는 당시 이스라엘이 놓인 상태를 상징적으로 보여 줍니다. 하나님의 은혜로 출애굽하여 가나안에 정착했지만 만군의 여호와를 붙잡지 않음으로써 축복이 단절되고 아이를 낳지 못하는, 즉 생명력이 끊긴 상태가 된 것입니다. 제사장이 기도하지 않고, 제사장의 아들들이 나서서 하나님을 모독하던 때였습니다. 말씀이 무너진 시대에 소망이 없어 보였습니다.

그러한 때에 한 여인이 자신의 문제를 가지고 하나님 앞에 나아왔습니다. 만군의 여호와를 불렀습니다. 하나님이 어떻게 이 여인을 주목하지 않을 수 있었겠습니까?

그때나 지금이나 사는 모습은 같습니다. 가정과 일터 사이를 오가며 원망하고 분노하고 심지어 격분하기도 합니다. 그럼에도 불구하고 만군의 여호와를 인정하고 그 앞에 나아가는 자가 바로 하나님의 사람입니다.

어떤 청년이 제게 물었습니다.

"불교 집안에서 자란 목사님이 어떻게 신앙을 지킬 수 있으셨는지 비결이 궁금합니다."

"사는 게 힘들 때마다 예배의 자리로 나아갔습니다."

"아, 예배를 드리셨다고요?"

"아닙니다. 예배를 드리기 위해서가 아니었습니다."

"네?"

"예배를 드리기 위해서가 아니라 타락하지 않기 위해서 예배의 자리로 나아갔습니다."

정말 그랬습니다. 타락하지 않기 위해서 안간힘을 썼습니다. 어떻게 해서든 하나님으로부터 멀어지지 않기 위해서 맨 뒤에 그냥 앉아 있는 한이 있어도 예배의 자리에는 빠지지 않았습니다.

"하나님이 살아계신다면 내가 어떤 마음으로 이 자리에 앉아 있는지 아실 거야."

이것이 솔직한 제 심정이었습니다. 감정 상태가 어떻든 상관없이 자리를 지켰습니다. 그냥 앉아만 있었는데도 하나님이 그 자리에 찾아오셨고 저를 만지고 회복시켜 주셨습니다. 그래서 오늘날 이렇게 목사가 될 수 있었습니다.

당신은 어떻습니까? 꼬박꼬박 예배에 참석하기엔 사는 게 너무 바쁘다고요? 인생이 잘 풀리면 그때 여유가 생길 것 같다고요? 대학에 들어가고 결혼에 성공하고 나면 하나님을 찬양하겠다고요? 아닙니다. 순서가 틀렸습니다. 먼저, 하나님부터 찾으십시오.

같은 시대를 사는 우리 중에 누가 한나가 되고 누가 브닌나가 될 것인지는 스스로가 선택하기 나름입니다. 하나님을 바라보고 고백하느냐 안 하느냐에 따라 하늘과 땅처럼 다른 결과를 받게 될 것입니다. 부디 브닌나가 되지 마십시오.

지금 있는 자리에서 일어나 예배의 자리로 돌아가십시오. 만군의 여호와를 부르십시오. 봉사의 자리로 돌아가십시오. 그래야 하나님의 영광을 제대로 볼 수 있습니다.

당신이 진짜 원하는 게 무엇입니까? 돈, 직장, 대학……? 그 모든 것을 합친 것보다 더 크신 이가 있습니다. 바로 만군의 여호와 하나님입니다. 하나님을 원하십시오. "하나님, 지금 내 형편이 어렵더라도, 조롱받을지라도 하나님을 찬양합니다. 만군의 여호와 하나님은 나의 왕, 나의 주이십니다"라는 고백이 당신에게 필요합니다.

소망이 없다
하기 전에
바라보라

한나는 하나님께 서원 드린 대로 아들을 얻어서 젖 뗄 무렵에 성전에 맡겼습니다. 사무엘이 성전에서 어떻게 지냈습니까?

> "하나님의 등불은 아직 꺼지지 아니하였으며 사무엘은 하나님의 궤 있는
> 여호와의 전 안에 누웠더니"(사무엘상 3:3).

하나님의 궤 가까이에서 잤습니다. 이때 "하나님의 등불이 아직 꺼지지 않았다"고 했습니다. 하나님의 등불이 살아 있는 한 소망이 있습니다. 끝난 게 아니란 뜻입니다. 사람은 불완전합니다. 그러니 사람이 어떻게 소망의 상징이 되겠습니까? 사람은 한 순간에 무너질 수 있습니다. 우리가 믿는 것은 사람이 아니라 살아계신 하나님, 오늘도 역사하시는 하나님입니다.

소망이 없다는 말을 함부로 하지 마십시오. 하나님의 등불이 있는 한 소망은 있습니다. 세상을 보지 말고, 거짓 믿음을 보지 말고 당신을 부르시는 하나님께 주목하십시오.

"우리 집은 안 믿는데 제가 뭘 어떻게 할 수 있어요?" 기도할 수 있습니다.

"모두가 타락한 시대에 제가 뭘 할 수 있죠?" 예배드릴 수 있습니다.

"예배드린다고 뭐가 달라지나요?" 예, 달라집니다.

"견딘다고 세상이 바뀌나요?" 예, 바뀝니다.

"기도한다고 상황이 변하나요?" 예, 변합니다.

어린 사무엘이 무슨 일을 할 수 있었겠습니까? 그런데 하나님이 꺼지지 않은 등불 가운데서 아이를 부르신 순간 이스라엘에 놀라운 역사가 일어났지 않습니까?

타락한 제사장 엘리를 보지 마십시오. 홉니와 비느하스도 보지 마십시오. 시대의 타락을 보지 마십시오. 하나님을 바라보고 하나님 앞에서 사십시오. 사람의 힘으로 어찌할 수 없기 때문에 하나님 앞에 나아가는 것입니다.

왜 소망이 없다고 말합니까? 왜 부족한 인간들을 바라보면서 소망이 없다고 말합니까? 위대한 사람이 역사를 바꿀 것 같습니까? 하나님이 잡으시면 위대하고 버리시면 끝나는 게 인생입니다. 소망은 하나님께 있습니다.

하나님은 어린 사무엘을 세 번이나 부르셨습니다. 왜요? 삼세판이라서요? 아닙니다. 암담한 시대를 사는 사무엘을 아셨기 때문입니다. 하나님의 음성을 알아듣지 못하는 사무엘을 아셨습니다.

하나님은 당신의 상황을 아십니다. 배움이 부족하고 힘도 연약한 당신을 아십니다. 부르신 이가 바로 하나님이십니다. 부르심의 시작도 결과도 하나님입니다.

입술을 지키십시오. 소망이 없다고 함부로 말하지 마십시오. 그리스도인의 말은 기도입니다. 하나님 앞에서 살고 하나님으로 말미암아 시대를 바꾸는 하나님의 사람이 되기 위해 기도하십시오.

바뀌지 않는 어려운 상황이 오히려 당신을 만들어 가기도 합니다. 굶주린 덕분에 오병이어의 축복을 볼 수 있었던 것처럼 말입니다. 만약에 모두가 도시락을 싸왔더라면 그런 기적은 맛보지 못했을 테지요. 안 그렇습니까?

그러니 한나처럼 하나님 앞에서 우십시오. 사무엘처럼 하나님 앞에서 누우십시오. 하나님이 부르실 것입니다. 놀라운 일을 행하실 것입니다.

너무 커서
들리지
않는가

●

여호와께서 모세에게 이르시되 너는 이스라엘 자손에게 이같이 이르라
내가 하늘로부터 너희에게 말하는 것을 너희 스스로 보았으니
너희는 나를 비겨서 은으로나 금으로나 너희를 위하여 신상을 만들지 말고
내게 토단을 쌓고 그 위에 네 양과 소로 네 번제와 화목제를 드리라
내가 내 이름을 기념하게 하는 모든 곳에서 네게 임하여 복을 주리라
네가 내게 돌로 제단을 쌓거든 다듬은 돌로 쌓지 말라
네가 정으로 그것을 쪼면 부정하게 함이니라
너는 층계로 내 제단에 오르지 말라 네 하체가 그 위에서 드러날까 함이니라
출애굽기 20:22-26

법은
악을 제어하기 위해
존재한다

하나님의 인도하심으로 출애굽한 이스라엘 백성은 갈라진 홍해를 건너서 광야에서 만나와 메추라기를 먹으며 시내산에 이르렀습니다. 약속의 땅 가나안으로 들어가기 전에 거쳐야 하는 중요한 관문이었습니다. 그래서 시내산에 있었던 일들은 특별히 상세하게 기록되어 있습니다.

하나님은 시내산에서 십계명과 안식법이라는 신앙생활의 두 가지 핵심 요소를 주셨습니다. 십계명은 말씀입니다. 하나님이 이스라엘에게 주신 사명은 약속의 땅에 들어가는 것만이 아니라 하나님의 백성으로서 사는 것이었습니다. 하나님의 백성으로서 살려면 하나님이 무엇을 기뻐하고 무엇을 싫어하시는지 하나님에 대해서 알아야 합니다.

하나님에 대한 지식이 없는 이스라엘에게 하나님은 십계명을 주셨습니다. 십계명은 하나님의 백성이 되는 원리가 담긴 헌법입니다.

2백만 명이 넘는 이스라엘 백성이 하나님의 소리를 들었습니다. 우레와 번개와 나팔 소리를 듣고 산에서 피어오르는 연기를 봤습니다(출 20:18). 하나님이 말씀하실 때 우르르 쾅쾅 했다는 뜻입니다. 산이 흔들렸습니다. 이스라엘 백성을 위해 쇼를 준비하신 걸까요? 아닙니다. 그만큼 단순한 말씀이 아니라는 것입니다. "들으면 좋고 안 들어도 그만"인 말씀이 아니라는 말입니다.

하나님은 말씀으로 천지를 만드셨습니다. 그의 말씀은 곧 생명입니다. 그런데 십계명을 들려주실 때 천지가 흔들렸습니다. 천지도 하나님 말씀에 반응했습니다. 이스라엘 또한 말씀에 반응해야 살 수 있다는 것을 보여 주신 것입니다.

그 다음에 주신 것이 제단법이고 특히 출애굽기 21장부터 23장까지를 '안식법'이라고 부릅니다. 헌법인 십계명이 먼저 선포된 후에 생활 법률이 계속해서 선포되었는데 그 중심이 되는 원리가 바로 안식법입니다.

법은 악을 제어하기 위해서 존재합니다. 만약에 인간이 악을 저지르지 않는다면 법도 필요가 없겠지요. 아담과 하와에게 법은 "선악과를 따먹지 말 것" 하나뿐이었습니다. 에덴동산에는 아직 죄가 없었기 때문에 법도 간단했습니다. 하나님과의 관계에서 지켜야 할 딱 하나의 법 밖에는 없었습니다. 법이 세분화되고 내용이 많다는 것은 그만큼 악이 많다는 뜻입니다. 그렇게 법조항이 많은데도 불구하고 교묘히 피해 가는 악인들을 보십시오. 날마다 새로운 법이 필요합니다.

쉼이 없는
처참한
인생

하나님 나라의 법은 단순히 악을 제어하는 데 그치지 않고 하나님의 은혜와 사랑 속에 안식을 누릴 수 있게끔 하는 데에 목적이 있습니다.

하나님은 엿새의 천지창조 후 7일째 무얼 하셨습니까? 안식하셨습니다.

그때의 안식은 더 이상 손댈 곳이 없을 정도로 세상이 완벽하게 창조되었다는 것을 의미합니다. AS가 필요 없다는 것입니다. 그래서 안식하면서 하나님과의 관계를 누리면 되었습니다. 그런데 죄 때문에 안식이 깨졌습니다.

하나님의 법은 본질적으로 안식을 목적으로 하고 있습니다. 그래서 세상 법과 다릅니다. 세상의 법은 가진 자의 법입니다. 기득권자의 유익을 따라 만들어진 게 세상 법입니다. 그러나 성경은 기가 막힙니다. 약자부터 먼저 다룹니다. 하나님의 법은 '종에 관한 법'부터 시작합니다. 놀랍지 않습니까? 세상에서는 왕부터 다루었을 텐데 하나님은 종에게 먼저 관심을 기울이셨습니다.

왜 종입니까? 종은 신분상 안식을 누리지 못하는 자들입니다. 의무만 있지 권리가 없습니다. 인생의 소망도 없고 쉼이 없습니다. 진짜 처참한 인생입니다. 하나님은 이들에게 먼저 관심을 보이시고 종과 노예라도 이스라엘 안에 있는 한 안식을 누리길 원하셨습니다.

하나님은 종에게서 우리의 모습을 보신 것입니다. 죄 때문에 안식을 누리지 못하는 인간을 보신 것입니다. 이 땅의 삶은 쉼 없는 무한경쟁입니다. 그런 우리에게 쉼을 주길 원하시는 것이 바로 주님의 마음입니다. 그래서 '안식법'이 생활 법률의 근간이 됩니다.

놀랍게도 십계명과 안식법 사이에 제단에 관한 법이 들어있습니다. 제단법이 없다면 이 두 가지 핵심 법이 이어지지 않는다는 뜻입니다. 그만큼 제단법 또한 중요합니다.

하나님이 말씀하실 때 천지가 흔들렸으니 얼마나 분위기가 살벌했겠습니

역사를 바꾸는 가냘픈 소리 135

까? 이스라엘 백성들은 겁이 났습니다. 그래서 모세에게 청합니다. 죽을까 봐 두려우니 가서 하나님의 말씀을 듣고 와서 말해달라고 합니다(출 20:19).

하나님이 중요한 원칙을 하나 주셨는데 금으로나 은으로나 사람이 자신을 위하여 신상을 만들지 말 것이며 대신에 '토단土壇'을 쌓아 그 위에서 양과 소로 번제와 화목제를 드리라고 하셨습니다(출 20:24).

왜 하필이면 토단일까요? 흙은 쌓았다가도 쉽게 허물 수 있습니다. 티끌이라고도 하지 않습니까. 흙은 값비싼 귀금속도 아니고 발에 차이는 게 흙입니다. 그런데 왜 흙무더기에서 제물을 받겠다고 하십니까?

거기서 하나님을 본다는 것이 중요하다는 것입니다. 예배의 중심은 단이 아니라 하나님 한 분이라는 뜻입니다.

하나님의 제단을
마음대로
디자인하지 마라

돌로 제단을 쌓을 때에는 정으로 쪼지 말라고 하셨습니다. 왜 그러셨을까요? 그냥 천연석을 가져다가 놓는 것보다 다듬어서 쌓으면 더 멋지고 위엄 있어 보일 텐데 말입니다.

멕시코에 집회차 다녀온 적이 있습니다. 공식 일정 후에 몇 군데를 둘러봤는데 그곳에서 피라미드를 보게 될 줄은 꿈에도 몰랐습니다. 그런데 가이드의 설명을 들으니 세계에서 가장 큰 피라미드가 이집트가 아닌 멕시코에 있다고 하더군요. 이집트의 피라미드는 두 번째로 크다고 합니다.

제가 본 것은 세계에서 세 번째로 크다는 피라미드였습니다. 직접 보니 정말 컸습니다. 태양의 신전이란 큰 피라미드에서 약 1킬로미터를 더 올라가면 달의 신전이라는 조금 작은 피라미드가 있고, 태양의 신전에서 오른쪽으로 4킬로미터를 내려가면 농경의 신전이 나옵니다.

"여기가 마지막 그늘입니다."

가이드가 작은 나무 밑으로 우리를 인도했습니다. 이제부터 그늘 없이 태양 볕에서 걸어야 한다는 뜻이었습니다. 그렇지 않아도 뜨거운데 몇 킬로를 더 걸어야 한다니 끔찍했습니다. 하지만 수년 내로 폐쇄될 예정이라 더 이상 볼 수가 없다고 하니 안 갈 수가 없었습니다.

이집트의 피라미드는 무덤이지만 멕시코의 피라미드는 제단입니다. 사람의 심장을 제물로 바쳤습니다. 두 무리가 경주를 해서 이긴 쪽의 지도자가 자기의 심장을 드렸다고 합니다. 이긴 쪽이 죽어야 한다니 이상하지 않습니까? 제물이 되는 것을 명예롭게 여겼기 때문입니다. 피라미드는 우상화되어 신성시되었습니다. 인간은 하늘에 닿고자 하는 욕망이 있고 눈에 보이는 것을 우상화하는 죄성이 있습니다.

그런데 하나님은 왜 제단 돌을 정으로 쪼개지 말라고 하셨을까요? 정을 대는 순간 인간의 취향과 의도가 들어가기 때문입니다. 예배는 하나님께 경배하고 순종하는 것이지 하나님을 자신의 뜻대로 조정하거나 꾸미는 것이 아니라는 것입니다. 사람이 예배드리는 게 중요한 게 아닙니다. 하나님이 받으시느냐 안 받으시느냐가 중요합니다.

"어떻게 저런 사람이 예배를 드리죠?"

그런 소리하지 마십시오. 당신의 기준과 판단으로 다른 사람의 예배를 막아서는 안 됩니다. 예배는 하나님이 받으십니다. 예배는 하나님만 왕으로 섬기는 것입니다. 오직 하나님께만 굴복하는 것입니다. 예배에서 중요한 게 누구입니까? 드리는 자입니까, 받으시는 분입니까?

자리를
떠나지 않으면
반드시 만난다

저는 20대를 아주 혹독하게 보냈습니다. 누구와 배틀을 해도 이길 자신이 있습니다. 제가 그 어려운 시기를 어떻게 견딘 줄 아십니까? 힘들 때마다 예배의 자리로 나갔습니다. 대신에 맨 뒤에 앉았습니다. 말씀이 귀에 안 들어올 정도로 사는 게 힘든 사람이 맨 앞에 앉아 있으면 설교하시는 목사님이 얼마나 힘들겠습니까.

그때 저는 은혜 받으러 간 게 아니었습니다. 사고 치지 않기 위해서 예방 차원에서 앉아 있었습니다. 예배 자리에 있지 않으면 어디서든 사고를 칠 것만 같았거든요.

제가 얼마나 강퍅한 사람이었는가 하면 뚜껑이 열리면 사람을 죽일 수도 있겠다 싶을 정도였습니다. 소망이 없었습니다. 그래도 하나님은 믿어볼 만

했습니다. 하나님이 계신지 안 계신지는 모르겠지만 최소한 그 자리에 앉아 있으면 딴 짓은 안 하니까요.

어느 날 하나님이 저를 만지셨습니다. 원망에 가득차서 투덜거리며 앉아 있긴 했지만 예배의 자리에 남아 있었기 때문에 하나님의 만지심을 경험할 수 있었습니다. 하나님은 살아계셨습니다. 예배 중에 살아계신 하나님을 만났습니다.

그런데 하나님을 만나고 나서부터 두려움이 생겼습니다. 말과 행동이 조심스러워졌습니다. 하나님 앞에 있는 인생이라는 것을 깨달았기 때문입니다.

저는 예수님을 믿기 전에는 비관주의자였습니다. 부모님이 저를 사랑하시는지 도통 알 수가 없었고 자라는 내내 형제들과 비교되었습니다. 인생의 소망이 없었습니다. 신문기자이신 아버지 덕분에 듣는 얘기라고는 사건사고밖에 없었지만 사회가 얼마나 부조리한지 일찌감치 깨우칠 수 있었습니다. 이 땅에는 소망이 없나 보다 여기며 자랐습니다. 내면에 삶의 회의가 가득 찼지만 어떻게 할 도리가 없기에 어쩔 수 없이 살았습니다.

그러나 주님을 만나는 순간 인생이 바뀌었습니다. 새 하늘과 새 땅이 있음을 알았습니다. 저는 그때부터 땅의 것에 대한 소망을 거두었습니다. 대신 하나님 아버지가 천국에서 나를 영화롭게 하실 것을 기대하게 되었습니다. 그때부터 삶이 아무리 어렵고 힘들어도 "하나님이 나를 어떻게 아름답고 멋지게 만드실까?" 기대하면서 견디며 살게 되었습니다.

땅의 것을 붙잡다가 땅의 것으로 무너지지 마십시오. 오직 하나님만 바라

보겠다고 다짐하십시오. 하나님이 채워 주실 것을 믿고 하늘에 소망을 두고
사십시오.

예수님이 오셔야
집으로
돌아갈 수 있다

●

그 때에 가이사 아구스도가 영을 내려 천하로 다 호적하라 하였으니
이 호적은 구레뇨가 수리아 총독이 되었을 때에 처음 한 것이라
모든 사람이 호적하러 각각 고향으로 돌아가매
요셉도 다윗의 집 족속이므로 갈릴리 나사렛 동네에서 유대를 향하여
베들레헴이라 하는 다윗의 동네로 그 약혼한 마리아와 함께 호적하러 올라가니
마리아가 이미 잉태하였더라 거기 있을 그 때에
해산할 날이 차서 첫아들을 낳아 강보로 싸서 구유에 뉘었으니
이는 여관에 있을 곳이 없음이러라
누가복음 2:1-7

왕이
묵을 방이
없다니요

저는 주님을 묵상할 수 있는 계절, 성탄절이 참 좋습니다. 임마누엘에 대해서 생각하게 됩니다. "하나님이 우리와 함께 계시다"에서 '함께'라는 말이 마음에 와 닿습니다. "함께한다"는 말은 기쁨의 말, 소망의 말입니다. 하나님이 "내가 너와 함께한다"고 하시니 얼마나 기쁩니까.

누가복음 2장 본문은 주님이 우리와 함께하기 위해서 이 땅에 오신 것이 과연 어떤 사건인지를 들려줍니다. 예수님이 왜 베들레헴의 구유에서 태어날 수밖에 없었는지를 역사적으로 설명하고 있습니다.

그런데 천사들이 목자들에게 가서 "구유에 뉘어 있는 아기를 보리니 이것이 너희에게 표적"(눅 2:12)이 될 것이라고 말했습니다. '표적'이라니 무슨 뜻입니까? 이미 예비된 사건이라는 뜻입니다. 단순히 베들레헴에 사람들이 많이 와서 묵을 곳이 없었던 게 아니라는 뜻입니다.

요셉과 마리아는 그냥 호적하러 왔다가 방을 구할 수가 없어서 태어난 아기를 구유에라도 누인 것인데 천사들은 이것이 표적이라고 말합니다. 구유에 누인 아기가 표적이 되기까지 어떤 인도하심이 있었을까요?

가이사 아구스도가 모든 백성은 다 호적하라고 명했다고 했습니다. 가이사 아구스도는 카이사르의 양자로 로마의 초대 황제가 된 아우구스투스입니다. 호적 정리에는 로마의 속국들을 완전히 장악하려는 의도가 깔려 있습니다. 인구조사를 해서 통치 체계를 세우고 세금을 거두려는 것입니다.

이동 인구가 얼마나 많았겠습니까? 명절에 고향 갈 때를 생각해 보십시오. 얼마나 복잡합니까? 게다가 마리아는 해산할 때가 가까웠으니 천천히 움직였을 겁니다. 사람들이 분주히 움직이는데 요셉과 마리아는 천천히 이동합니다. 방이 남아 있을 리가 없습니다.

그런데 하나님은 방 하나 예비해 주지 않으셨습니다. 대신에 구유를 예비하셨습니다. 그러니까 어떻게 보면 요셉과 마리아는 하나님께 당한 것입니다.

구유에 간 이유가 참 재미있습니다. 여관에 방이 없으니까 당연히 구유에 누일 수밖에 없었다고요? 호텔에 방이 없어서 차에서 자는 것과 뭐가 다르냐고요? 지금 당신이 묵을 방을 찾는 게 아닙니다. 이 땅의 왕이 태어나실 방을 찾는 것입니다. 그런데 방도 하나 구하지 못합니까? 하나님이 미처 준비하지 못하셨던 걸까요? 동방박사는 왕의 '별'을 따라 왕궁으로 갔다가 헤롯의 속만 뒤집었습니다. 예수님은 왕궁이 아닌 여관으로 인도되는가 싶었는데 그마저도 사람이 많아서 방이 없다네요. 예수님이 들어가실 곳이 없다네요.

의미가
없으면
기억도 없다

저는 중학교 3학년 때 처음으로 교회에서 성탄절을 맞았습니다. 기억나는 것은 예쁜 누나들이 저를 반가이 맞아 주고 선물을 한 아름 안겨 준 것, 그리고 누나들이 서로 저를 동생 삼겠다고 다투었다는 정도입니다. 저도 어릴 적에는 머리숱도 많고 귀여웠습니다. 얼굴이 하얗고 예쁜 누나들이 서로 저를 동생 삼겠다며 다투는데 황홀했습니다. "여기가 바로 천국이구나!" 그때 교회가 천국이라는 것을 알았습니다. 제가 교회에 빠져든 첫 번째 이유입니다.

그러니 누가 여학생을 보러 교회 간다고 해도 뭐라 하지 마십시오. 교회에 담배 물고 오더라도 막지 마십시오. 교회를 해하려는 세력만 아니라면 막지 마십시오.

고등학교 1학년 때 두 번째로 맞이한 성탄절에, 이번에는 외모가 아닌 재능으로 누나들의 사랑을 독차지했습니다. 저는 사실 미대에 가려다가 포기한 사람입니다. 그림을 꽤 잘 그렸습니다. 형광등 갓에 색색의 셀로판지를 붙이고 그 밑에 두루마리 휴지를 늘어뜨려서 장식했더니 다들 뿅 갔습니다. 최소 비용으로 최대 효과를 낸 것입니다.

그리고 이듬해 주님을 인격적으로 영접하고 나서 은혜 가운데 성탄절 행사를 준비하는데 마음가짐이 달랐습니다. 예수님을 만나기 전에는 성탄절을 어떻게 보냈는지 기억을 더듬어 봤지만 아무 기억도 없었습니다. 제가 예수님을 믿고 나서 성탄절이 생긴 게 아니잖습니까? 그런데도 아무 기억이 없습니다. 분명히 성탄절에 놀았던지 아니면 뭔가를 했을 텐데 기억이 나질 않습니다.

봄마다 어머니를 따라서 절에 가서 졸졸 흐르는 개울가에서 뛰어다니다가 절 밥 먹고 또 마구 뛰어다니던 기억이 납니다. 절이 무척 조용했다는 기억, 조용한 절에서 천방지축 뛰어다닌다고 어머니한테 혼쭐났던 기억이 납니다. 그런데 성탄절에 뭘 했는지는 아무리 생각해도 모르겠습니다.

왜 기억이 안 날까요? 그때는 제가 주님과 상관이 없었기 때문입니다. 그 전에도 분명히 성탄절은 있었는데 제 안에 주님이 없었기 때문입니다. 주님과 상관없는 것들로 가득 차 있었기 때문에 살아계신 주에 대한 기억이 없는 것입니다. 의미가 없으면 기억도 없습니다.

여관방에 사람들이 꽉 들이차서 예수님이 들어가실 수 없었던 것처럼 말입니다. 주님이 당신에게 들어갈 수 없는 가장 큰 이유는, 당신 안에 뭔가 다른 것이 꽉 차 있기 때문입니다. 그래서 주님이 머물 곳이 없습니다.

하나님께 깡통은 빈 그릇이다

하나님은 예수님의 탄생을 들판의 목자들에게만 알리신 게 아닙니다. 동방박사로 하여금 예루살렘 왕궁으로 가서 왕의 탄생을 선포하게 하셨습니다. 대제사장과 서기관들이 기록된 바를 정확하게 찾아냈습니다. 어디입니까? 유대 베들레헴입니다.

베들레헴은 '떡집'이란 뜻입니다. '생명의 떡'집입니다. 이것은 예언된 사건입니다. 다윗의 고향, 베들레헴은 예루살렘으로부터 8킬로, 나사렛에서부터는 145킬로 떨어진 곳에 있습니다. 8킬로라면 그냥 걸어갈 수도 있는 거리입니다. 왕이 태어난다는데, 예언이 성취된다는데……, 그런데 아무도 찾아가 보지 않습니다.

저는 헤롯이 왜 직접 쫓아가지 않았는지가 의문이었습니다. 왜 그랬을까요? 쫓아갈 수가 없었던 것입니다. 모든 유대인들이 예루살렘에 호적하러 와 있는데 예언된 왕이 태어나셨다는 소문이 크게 나기라도 하면 어떤 일이 벌어지겠습니까? 알고도 죽일 수가 없습니다. 헤롯이라도 감히 죽일 수 있겠습니까? 자칫 일이 복잡해질 수도 있습니다. 헤롯이 동방박사를 '가만히' 불러서 자세히 물었다고 하는 걸 보면 머리가 아주 비상한 사람입니다. 그의 관심은 오직 새로운 왕을 죽이는 데 있었습니다.

그런데 예언이 성취될 것이라는 걸 안 서기관들 중에서 한 명쯤은 몰래 가봐야 하지 않겠습니까? 사극을 보십시오. 많은 신하 중에 충신이 한두 명은 꼭 있습니다. 위기 상황에서 왕이 심복을 조용히 불러서 "네가 빨리 다녀오너라" 하지 않습니까? 하지만 서기관도 대제사장도 움직이지 않았습니다.

어떻게 이렇게 무심할 수 있습니까? 세상은 하나님께 무관심했습니다. 주님이 종의 몸을 입고 이 땅에 비천하게 오셨습니다. 비천한 자와 함께하기 위해서 낮게 오셨습니다. 그런데 주님께 관심이 없습니다. 심지어는 왕궁에 선포까지 했는데도 찾아오는 사람 하나 없었습니다. 기막힌 현실입니다.

오늘날의 성탄절은 어떻습니까? 교회가 트리를 장식하기 전에 이미 세상이 먼저 트리를 내놓습니다. 교회 트리보다 백화점 트리가 더 멋있습니다. 휘

황찬란합니다. 큼직한 별도 붙여 놓습니다. 놀랍지 않습니까? 우습지 않습니까? 예수님을 믿지 않는 사람들이 할 것은 다합니다. 또 알 것은 다 압니다. 동방박사도 알고 말구유도 압니다.

2천 년 전에도 똑같았습니다. 소식은 들었지만 받아들이지는 않았습니다. 헤롯과 대제사장, 서기관들이 다 똑같았습니다. 세상이 소식을 모르는 게 아닙니다. 다 알고 있습니다. 때로는 우리보다 먼저 알기도 합니다. 하지만 아는 것이 곧 믿는 것이 아니라는 게 문제입니다.

하나님은 밖에서 양 떼를 지키는 목자들에게 천사를 보내 좋은 소식을 전하셨습니다. 하늘이 직접 선포한 것입니다. 세상이 알지 못하니까 하나님께서 친히 영광을 선포하셨습니다.

당시에 양 치는 목자는 오늘날로 치면 3D업종이었습니다. 세상에 떠밀려 살다가 마지막에 닿는 곳이 바로 거기였습니다. 동방박사는 멋있었을 것 같습니까? 낙타 타고 별을 따라 다닌다고 생각해 보십시오. 목욕이나 제대로 했겠습니까? 별을 좇아 정신없이 움직였을 것입니다. 이방인은 별의 징조만 보고도 찾아오는데, 예언의 말씀을 확인한 서기관들은 8킬로 멀지 않은 거리도 움직이지 않습니다. 기가 막힙니다.

자기 안에 세상 것이 가득 차 있는 사람은 은혜가 임한다는 소식을 들어도 은혜를 경험하지는 못합니다. 아무 은혜가 없습니다. 자신 안에 무엇이 꽉 차 있는지 점검해 보십시오. 은혜를 부어 달라고 하기 전에 먼저 비우십시오. 비워야 주님이 채우십니다.

비천한 마음을 가지십시오. 비천한 마음이 무엇입니까? 자기 자신을 아는 것입니다. "은혜 없이는 살 수 없는 나, 하나님 없이는 견딜 수 없는 나, 소망이 오로지 주께 있음을 고백하는 나"를 아는 것입니다. 주님 외에는 도움을 청할 길이 없는 영적 파산자가 복이 있습니다.

예수 그리스도를 가장 먼저 맞이하는 축복이 누구한테 돌아갔는지 잘 새기십시오. 이방인인 동방박사와 비천한 목자들이었습니다. 하나님은 세상에서 비천하다고 한 사람들, 낮은 자리에 앉을 수밖에 없었던 사람들을 먼저 만나셨습니다. 세상은 그들을 깡통이라고 부를지 몰라도 하나님은 은혜를 담기에 좋은 빈 그릇이라고 부르셨습니다.

말씀이
말씀을
생각나게 한다

당시에 사람들은 가이사 아구스도를 구원자로 바라봤습니다. 기나긴 전쟁을 종식시키고 평화를 가져올 것으로 기대했습니다. 그가 여러 전쟁을 치르면서 권력으로 평화를 가져오는 모습을 봐 왔기 때문입니다. 황제가 된 아구스도는 제국을 평화롭게 다스리는 방편으로 인구수를 파악하기 위해서 호적 정리에 나섰습니다.

여기에 놀라운 비밀이 있습니다. 역사가 사람에 의해 만들어져 가는 것처럼 보이지만 실은 하나님의 계획하심이 있다는 것입니다.

하나님은 예수 그리스도의 탄생을 위해 로마제국을 준비시키셨고, 가이사 아구스도를 준비시키셨습니다. 하나님이 움직이시는 역사가 보입니까?

> "베들레헴 에브라다야 너는 유다 족속 중에 작을지라도 이스라엘을 다스릴 자가 네게서 내게로 나올 것이라 그의 근본은 상고에, 영원에 있느니라"(미가 5:2).

베들레헴에서 "이스라엘을 다스릴 자"가 나온다고 했습니다. 메시아의 탄생을 예언한 것입니다. 베들레헴은 '다윗의 동네'로 불리었습니다. 다윗이 태어난 곳, 즉 다윗의 고향이기 때문입니다. 선지자 사무엘이 다윗에게 처음 기름을 부은 장소가 바로 이곳입니다.

하나님은 예언대로 예수님이 베들레헴에서 태어나실 수 있도록 로마가 세계를 평정하고 가이사 아구스도가 권력을 쥐어 인구조사를 하게끔 하셨습니다.

누가 세상을 움직입니까? 가이사 아구스도입니까? 아닙니다. 하나님이십니다. 겉으로 보기에는 가이사 아구스도가 왕이지만 그를 움직이는 건 주님이셨습니다. 역사의 주인은 왕이 아니라 하나님이십니다.

그런데 여기에서 한 발 더 나아가 더욱 놀라운 것을 발견하게 됩니다. 저는 이것을 발견하는 순간 온몸에 소름이 돋고 심장이 벌렁벌렁했습니다. 그동안 미처 보지 못했던 낱말이 눈에 쏙 들어왔기 때문입니다.

"모든 사람이 호적하러 각각 고향으로 돌아가매"(누가복음 2:3)

호적을 확인하기 위해 모든 사람이 어떻게 했다고 합니까? "각.각. 고향.으로. 돌.아.갔.다"고 했습니다! "고향으로 돌아갔다"가 눈에 들어온 순간 머리칼이 쭈뼛 섰습니다.

이것이 왜 깜짝 놀랄 일인지 짐작도 못하겠다면 평소에 말씀을 많이 읽어 두십시오. 다 아는 이야기 속에서도 새롭게 발견하는 은혜가 있을 것입니다.

말씀이 말씀을 생각나게 하는 법입니다. 제 머리에 무엇이 떠올랐기에 심장이 쿵쾅거리며 뛰었을까요? 바로 레위기 25장의 희년에 관한 내용입니다.

"여호와께서 시내 산에서 모세에게 말씀하여 이르시되 이스라엘 자손에게 말하여 이르라 너희는 내가 너희에게 주는 땅에 들어간 후에 그 땅으로 여호와 앞에 안식하게 하라 너는 육 년 동안 그 밭에 파종하며 육 년 동안 그 포도원을 가꾸어 그 소출을 거둘 것이나 일곱째 해에는 그 땅이 쉬어 안식하게 할지니 여호와께 대한 안식이라 너는 그 밭에 파종하거나 포도원을 가꾸지 말며 네가 거둔 후에 자라난 것을 거두지 말고 가꾸지 아니한 포도나무가 맺은 열매를 거두지 말라 이는 땅의 안식년임이니라 안식년의 소출은 너희가 먹을 것이니 너와 네 남종과 네 여종과 네 품꾼과 너와 함께 거류하는 자들과 네 가축과 네 땅에 있는 들짐승들이 다 그 소출로 먹을 것을 삼을지니라 너는 일곱 안식년을 계수할지니 이는 칠 년이

일곱 번인즉 안식년 일곱 번 동안 곧 사십구 년이라 일곱째 달 열흘날은
속죄일이니 너는 뿔나팔 소리를 내되 전국에서 뿔나팔을 크게 불지며 너
희는 오십 년째 해를 거룩하게 하여 그 땅에 있는 모든 주민을 위하여 자
유를 공포하라 이 해는 너희에게 희년이니 너희는 각각 자기의 소유지로
돌아가며 각각 자기의 가족에게로 돌아갈지며 그 오십 년째 해는 너희의
희년이니 너희는 파종하지 말며 스스로 난 것을 거두지 말며 가꾸지 아니
한 포도를 거두지 말라 이는 희년이니 너희에게 거룩함이니라 너희는 밭
의 소출을 먹으리라 이 희년에는 너희가 각기 자기의 소유지로 돌아갈지
라"(레위기 25:1-13).

50년마다 한 번씩 희년이 선포되면 각자 자기의 소유지, 즉 자기 고향으로
돌아갈 수 있다는 내용입니다.

그런데 이것이 가이사 아구스도의 호적 정리와 무슨 상관이 있을까요? 예
수님이 태어날 당시에 마리아와 요셉만 베들레헴으로 돌아갔던 게 아닙니다.
모든 유대인이 각자 자기 고향으로 돌아가야 했습니다. 호적 정리를 위해서
말입니다.

그래도 희년과 호적 정리가 무슨 상관인지 잘 모르겠다고요? 모를 수 있습
니다. 저도 수년 동안 이 둘을 연결시키지 못했으니 말입니다.

메시아가
집으로
데려다 주시리라

선교사역을 하고 있는 선배와 희년에 대해 이야기를 나눈 적이 있습니다.

"남국아, 너 그거 아니? 이스라엘이 희년을 지켰다는 얘기가 한 번도 안 나온다."

정말 그런가 하고 찾아봤더니 선배의 말이 맞습니다. 생각해 보십시오. 여호수아 때는 전쟁의 연속이었으니 "올해는 희년이니까 집에 돌아갈래"라고 말할 수 있는 사람이 아무도 없었습니다. 모두들 싸우기에 바빴습니다.

사사시대는 어땠습니까? 각기 자기의 소견에 옳은 대로 행했던 시대입니다. 타락할 대로 타락한 시대에 희년이 웬 말입니까. 기본이 무너진 때라 희년이 뭔지도 모르고 지났을 것입니다.

사울이 왕이 되었습니다. 사울 왕은 희년을 지켰을 것 같습니까? 신접한 여인을 찾고 다윗에게 창을 던진 왕이 희년을 지켰을 리가 없지요. 되레 블레셋에게 하나님의 법궤를 빼앗기기나 했습니다.

그렇다면 다윗은 희년을 지킬 수 있었을까요? 그나마 가장 지킬 가능성이 큰 시대입니다. 그러나 통일왕국을 이루기까지 7년 6개월 동안은 아무것도 할 수가 없었습니다. 잃어버린 법궤부터 찾아와야 했습니다. 법궤가 돌아온 이후에도 다윗은 대부분의 시간을 전쟁 치르느라 보냈습니다.

솔로몬 시대는 어땠을까요? 안타깝게도 솔로몬은 말년에 우상숭배로 몰락하고 말았습니다. 급기야 나라가 분열되기까지 했습니다. 그러니 어떻게 희년을 지킬 수 있었겠습니까? 결국 이스라엘은 희년을 한 번도 지키지 못한 채 망하고 말았습니다.

"선배, 이스라엘이 희년을 안 지킨 게 아니라 못 지켰다고 해석하는 게 맞을 것 같습니다."

"네 얘기를 듣고 보니 정말 그렇구나."

그렇습니다. 이스라엘은 희년을 지키지 않은 게 아니라 "못 지킨" 것입니다. 지킬 능력이 없었습니다. 메시아만이 회복을, 희년을 선포할 수 있습니다. 결국 희년은 예수 그리스도 외에는 선포할 자가 없는 것입니다.

달리 말하자면 "인간 안에는 회복이 없다"는 것입니다. 아무리 소망해도 자기 힘으로는 고향에 돌아갈 수 없고 자유를 찾을 수도 없습니다. 그게 우리입니다. 그래서 우리에게는 메시아가 필요합니다. 그것도 아주 절실하게…….

예수님이 태어난 시대는 이스라엘이 로마 제국의 속국이 되어 힘이 없을 때였습니다. 회복할 힘조차 없었습니다. 온 민족이 비천했습니다.

그런데 이때 로마 황제가 자신의 통치를 위해 호적 정리를 명했고 이것을 통해 유대인이 각기 고향으로 돌아가는 역사가 일어났습니다. 희년이 선포된 것처럼 합법적으로 당당하게 고향으로 돌아간 것입니다.

이것이 바로 메시아 탄생의 표적입니다. 놀랍지 않습니까?

당신 안의 절망은
절망이
아니다

"지극히 높은 곳에서는 하나님께 영광이요 땅에서는 하나님이 기뻐하신 사람들 중에 평화"라고 천사들이 노래했습니다. 하나님의 평화가 누구에게 임한다고 했습니까? 기뻐하신 사람들, 즉 은혜를 입은 사람들에게 평화가 임합니다.

들판에서 양 떼를 지키는 목자와 같이 비천한 자라도 좋은 소식을 듣고 당장 뛰어갈 수 있는 사람들, 주님 밖에는 관심 두는 이가 없었던 가진 것 하나 없는 깡통 같은 사람들에게 평화가 임합니다.

하나님의 은혜가 임할 때 평화도 임하기에 은혜와 평화는 같은 말입니다. 하나님의 은혜를 입었다는 것은 그의 안에 평화가 임했다는 뜻입니다.

소망을 하나님께 둔다는 것은 하나님이 회복시켜 주실 것을 믿는다는 것입니다. 인생의 굴곡은 있지만 주님이 함께하심으로 망하지는 않는다는 것을 믿는 것입니다. 사망을 생명으로 바꿀 수 있는 주님이 내 안에 계시다는 믿음 위에 평화가 임합니다. 그렇기 때문에 절망 중에도 소망을 가지고 평화를 누릴 수 있습니다.

예수님의 족보를 보면 기가 막힙니다. 예수님과는 감히 연결될 수 없을 것 같은 족보입니다. 시아버지 유다가 며느리 다말을 범했습니다. 근친상간입니다. 이방인 창녀 출신의 라합이 등장합니다. 이방인 과부 룻도 있습니다. 우리야의 아내였던 밧세바와 동정녀 마리아가 함께 족보에 올라 있습니다.

어떻게 이런 족보가 가능합니까? 수치와 저주가 예수 그리스도로 인해 끊어지고 생명으로 접붙임받은 것입니다. 모든 부정이 긍정으로, 사망이 생명으로, 절망이 희망으로 바뀌는 역사가 일어났습니다. 족보는 그 변화의 중심이 바로 예수 그리스도임을 선포하고 있습니다.

당신 인생의 중심에는 무엇이 있습니까? 무엇이 가득 차 있습니까?

만약에 누군가가 제게 "당신은 주님께서 쓰실 만한 목사인가" 하고 묻는다면 대답을 못한 채 고개를 숙일 것 같습니다. 깡통처럼 소리만 요란하게 내는 것은 아닌지 부끄러워집니다. 이래 가지고서야 목회를 계속할 수 있을까 자신감이 떨어집니다.

그런데 예수님의 탄생을 떠올리면 다시 어깨를 펼 수 있습니다. "그래, 나 같이 비천한 자를 위해 주님이 오셨지" 하는 생각에 소망이 올라옵니다.

"그래, 주님만 바라보자. 역사를 움직이고 세상을 움직이시는 주님이다. 한 마디도 실언치 않고 다 이루시는 분이시다. 주님께 돌아가면 희년이 성취된다. 내 안에 회복이 일어난다."

실제로는 주님의 태어나신 날이 언제인지 정확히 아는 사람은 아무도 없습니다. 하지만 저는 연말에 성탄절이 있는 것은 우리에게 소망을 주시기 위한 하나님의 뜻이라고 생각합니다. 한 해가 마무리될 때마다 "너희 인생이 끝나는 게 아니다. 지난 1년 동안 아무리 많은 잘못을 저질렀다고 해도 이게 끝이 아니란다. 그러니 좌절하지 마라. 내가 너를 위해 이 땅에 왔잖니. 비천하고 소망 없는 너와 함께하기 위해 내가 비천한 모습으로 오지 않았니"라고 말씀하십니다.

당신 안의 절망은 절망이 아닙니다. 당신 눈에만 절망으로 보이는 것입니다. 당신 능력에만 절망입니다. 주님께는 절망이 없고 주님의 능력에는 절망이 없습니다. 저와 당신을 위해 비천한 인간의 몸을 입고 말구유에 누우신 분입니다. 이 땅에 오시면서 약속된 희년을 성취하신 분입니다. 당신이 품을 것은 절망이 아니라 주님을 향한 소망입니다.

기도할 때 "하나님, 이것 해 주세요. 저것 해 주세요" 하고 조르지 마십시오. "직장문제만 해결해 주시면 됩니다." 과연 그럴까요? 그렇지 않습니다. 그 문제가 해결되면 또 다른 문제가 당신을 얽어맬 것입니다. 환경을 탓하는 사람은 계속 환경의 얽매임을 받습니다.

어떤 문제가 다가와도, 어떤 환경에 처해도 주님만을 붙잡고 주님의 능력으로 승리하게 해 달라고 기도하십시오. 좌절하지 마십시오. 낙망하지 마십시오.

소망을 품으십시오. 제 힘으로는, 제 능력으로는 고향에 돌아갈 수 없었던 이스라엘에게 희년을 선포하신 주님입니다. 당신 마음에 예수님이 오시면 집으로 돌아갈 수 있습니다.

하나님은 세상에서 비천하다고 한 사람들,
낮은 자리에 앉을 수밖에 없었던 사람들을 먼저 만나셨습니다.
세상은 그들을 깡통이라고 부를지 몰라도
하나님은 은혜를 담기에 좋은 빈 그릇이라고 부르셨습니다.

세상과 거꾸로 감으로써
바로 가는 법을 배운다

2012. 08. 02 마가스 목요예배모임

다시
시작하는
행진 소리

젖은
장작아,
기뻐하라

●

엘리야가 모든 백성을 향하여 이르되 내게로 가까이 오라
백성이 다 그에게 가까이 가매
그가 무너진 여호와의 제단을 수축하되
야곱의 아들들의 지파의 수효를 따라 엘리야가 돌 열두 개를 취하니
이 야곱은 옛적에 여호와의 말씀이 임하여 이르시기를
네 이름을 이스라엘이라 하리라 하신 자더라
그가 여호와의 이름을 의지하여 그 돌로 제단을 쌓고 제단을 돌아가며
곡식 종자 두 세아를 둘 만한 도랑을 만들고 또 나무를 벌이고
송아지의 각을 떠서 나무 위에 놓고 이르되 통 넷에 물을 채워다가
번제물과 나무 위에 부으라 하고 또 이르되 다시 그리하라 하여
다시 그리하니 또 이르되 세 번째로 그리하라 하여
세 번째로 그리하니 물이 제단으로 두루 흐르고 도랑에도 물이 가득 찼더라
열왕기상 18:30-35

600년 만에
기어코
저주를 불러일으키다

이스라엘 역사에서 가장 타락했던 시대를 꼽으라면 아마 사사시대일 것입니다. 각자 소견에 옳은 대로 사는 말씀이 무너진 시대였습니다.

열왕기의 기록을 보면 왕의 행적 뒤에 꼭 한 줄 평이 나옵니다. 하나님께 중심을 드렸던 선한 왕 뒤에는 "그는 다윗의 길을 따라 행하였더라"라고 적혀 있고, 악한 왕 뒤에는 "그가 여로보암의 길을 따랐더라"라고 쓰여 있습니다.

악한 왕 중에서도 가장 악한 왕이 바로 아합입니다. 그는 이전의 모든 왕보다 여호와 보시기에 더욱 악한 왕이었습니다(왕상 16:30). 심지어 여로보암의 악행을 오히려 가볍게 여길 정도였습니다. 이세벨을 아내로 맞아 바알을 섬겨 예배하고 바알을 위한 제단을 쌓았고 그것도 모자라 아세라 상까지 만들었으니 이전의 모든 왕보다 하나님을 노하게 한 것은 부인할 수 없는 사실입니다.

아합의 아내 이세벨은 갈멜산에서 엘리야가 하나님의 이적을 나타내고 나서 바알 선지자들을 처단할 때에도 눈 하나 깜짝하지 않은 독한 여인입니다. 오히려 엘리야를 죽이려고 쫓았습니다.

아합의 시대가 얼마나 악했는지를 잘 설명하는 구절이 있습니다.

"그 시대에 벧엘 사람 히엘이 여리고를 건축하였는데 그가 그 터를 쌓을 때에 맏아들 아비람을 잃었고 그 성문을 세울 때에 막내 아들 스굽을 잃었으니 여호와께서 눈의 아들 여호수아를 통하여 하신 말씀과 같이 되었더라."(열왕기상 16:34).

이 사건은 여리고성과 관련이 있습니다.

"여호수아가 그 때에 맹세하게 하여 이르되 누구든지 일어나서 이 여리고 성을 건축하는 자는 여호와 앞에서 저주를 받을 것이라 그 기초를 쌓을 때에 그의 맏아들을 잃을 것이요 그 문을 세울 때에 그의 막내아들을 잃으리라 하였더라."(여호수아 6:26).

견고하기로 소문났던 여리고성을 무너뜨린 것은 이스라엘의 병력이 아니었습니다. 황당하기까지 한 하나님의 명령에 순종한 결과였습니다. 소리를 내지 않고 조용히 성 주위를 하루에 한 바퀴씩 엿새 동안 돌다가 마지막 날 일곱 바퀴를 돈 후에 냅다 함성을 질러서 무너뜨렸습니다. 사실 여호수아도 이스라엘 백성도 그렇게 해서 성이 무너지리라고는 상상도 못했을 것입니다. 그런데 실제로 무너졌습니다. 말도 안 되는 일이 벌어진 것입니다.

이것의 의미는 무엇입니까? "여호와 하나님이 주신 땅임을 기억하라"는 것입니다. 그래서 그 터 위에 인간의 것을 세우지 말라고 했습니다. 만약에 그 터에 성을 다시 세운다면 그것은 하나님께 도전한다는 뜻이 됩니다.

실제로 이스라엘이 아무리 타락했어도 여리고성만큼은 여호수아의 맹세를 따라 다시 세우는 일이 없이 버려두었습니다. 무너진 터를 보고 하나님이 하셨던 일을 기억하고 땅을 주신 분이 하나님이심을 고백했습니다.

그런데 아합의 시대에 이 맹세가 깨졌습니다. 여호수아가 맹세한 지 약 600년 뒤의 일입니다. 사울의 통치 40년, 다윗의 통치 40년, 솔로몬의 통치 40년의 통일왕국시대를 보내고 400년의 분열왕국시대를 보낸 후의 일입니다.

지금으로부터 약 600년 전으로 거슬러 올라가 봅시다. 고려 시대쯤 됩니다. 그때 어느 장군이 성 하나를 무너뜨리고 "다시 이 자리에 성을 쌓으면 맏아들과 막내아들이 죽으리라" 하고 저주를 내렸다고 합시다. 600년이 지난 지금 그 저주를 기억하는 사람이 남아 있을까요? 아마 그 자리에 이미 성을 쌓아도 몇 번을 쌓았다가 헐고 지금은 ○○캐슬castle이란 이름의 아파트를 세웠을 것입니다.

그러나 이스라엘은 근 600년 동안 여호수아의 맹세를 지켰습니다. 대단합니다. 그들에게는 단순한 옛날이야기가 아니었던 것입니다. 그런데 아합에게는 그렇지 않았습니다. 살아계신 하나님의 말씀도 옛날이야기에 불과했습니다.

맹세 같은 건 무시한 채 당당하게 성을 쌓기 시작했습니다. 그런데 사건이 벌어졌습니다. 히엘의 맏아들과 막내아들이 죽는 일이 벌어진 것입니다. 이쯤 되면 두려움이 생겨야 하는데 아합은 끄떡도 하지 않았습니다. 한 마디로 대단한 아합입니다.

600년 만에 기어코 저주를 불러일으키고야 마는 악인 중의 악인입니다. 그런 악한 우상숭배자에게 하나님이 엘리야를 보내셨습니다.

마른 장작에
물을 붓다니
제정신인가

엘리야는 밑도 끝도 없이 역사 속에 불쑥 나타났습니다. "길르앗에 살던 디셉 사람"이란 것이 그를 설명하는 전부였습니다. 엘리야는 아합에게 이스라엘의 하나님 여호와의 이름으로 자기 말이 없으면 수 년 동안 비도 이슬도 내리지 않을 것이라고 예언하더니 사라졌습니다(왕상 17:1).

그의 말대로 진짜 가뭄이 시작되었습니다. 하나님 여호와의 이름으로 예언했으니 회개의 물결이 일어날 법도 한데 어떻게 된 시대인지 꿈쩍도 하지 않았습니다.

엘리야가 갈멜산으로 바알 선지자들을 불러 모았습니다. 이스라엘과 시돈 사이에 위치한 갈멜산은 고대부터 거룩한 산으로 불리며 우상숭배의 중심지가 됐던 곳입니다. 엘리야는 그곳에서 비를 내리는 것이 우상인지 하나님이신지를 증명하고자 했습니다.

바알과 아세라의 선지자들이 큰 소리로 자기들 신을 불렀지만 응답이 있을 리가 없습니다. 급기야 규례에 따라 칼과 창으로 자해까지 합니다(왕상 18:28). 그래도 답이 없습니다.

왜 없습니까? 바알과 아세라는 우상에 지나지 않는데다가 인간의 열심과 정성이 예배가 아니기 때문입니다. 땀 흘려 노력하고 피를 보는 고통을 감수한다고 해서 예배가 되는 게 아니기 때문입니다.

예배는 살아계신 하나님께 드리는 것이고 우리는 하나님의 은혜를 받는 존재일 뿐입니다. 하나님과의 관계, 즉 예배가 회복되지 않고서 은혜가 흘러가는 일은 없습니다.

엘리야는 무엇보다도 무너진 여호와의 제단을 다시 고쳐 세우는 일부터 시작했습니다. 열두 개의 돌을 취해 제단을 세웠습니다. 무너진 열두 지파를 상징적으로 세운 것입니다. 제단을 세우고 나서 둘레에 도랑을 판 후 '곡식 종자 두 세아' 정도의 물을 부었습니다. 약 15리터 정도의 물입니다. 거기서 그치지 않고 나무를 올리고 번제불을 올린 후에 다시 네 통의 물을 세 번에 걸쳐서 들이부었습니다. 총 열두 번 부은 것입니다.

오랜 가뭄으로 기근에 시달린 이스라엘에게 당시에 가장 귀한 것이 무엇이었겠습니까? 당연히 물입니다. 그 정도의 양이라면 비교적 물이 풍부했던 기손 시내에서 떠왔을 것입니다.

그렇게 힘들게 떠온 귀한 물을 엘리야가 어디에 부었습니까? 장작에 부었습니다. 마른 장작이 잘 탄다는 것은 누구나 아는 상식입니다. 그런데 바싹 마른 장작에 일부러 물을 붓다니요? 엘리야가 제정신 맞습니까?

젖은 장작에도
불이
붙을까

엘리야가 물을 들이부음으로써 어떤 일이 벌어집니까? 곧 하나님의 역사로 말미암아 젖은 장작은 불로 태워지고 물기 하나 없이 말라 있던 땅에는 비가 내릴 것입니다.

제단과 도랑에 물이 흥건히 차오르자 엘리야가 '아브라함과 이삭과 이스라엘의 하나님 여호와'를 부르며 "주께서 이스라엘 중에서 하나님이신 것과 자기가 주의 종인 것을 알게 해 달라고 기도했습니다. 자신이 주의 말씀대로 이 모든 일을 행한다는 것을 기도로써 선포합니다.

엘리야는 기도를 통해 세 가지를 구했습니다. 첫째, 주께서 이스라엘에 하나님이심을 회복해야 한다고 말했습니다. 둘째, 자신이 주의 종임을 고백했습니다. 셋째, 자신이 주의 말씀대로 행함을 알게 해 달라고 요청했습니다.

예배에 있어서 가장 중요한 회복이 무엇인지 아십니까? 하나님의 하나님 되심입니다. 엘리야가 구한 것이 바로 이것입니다. 하나님이 살아계심을 보여 줌으로써 하나님의 하나님되심을 드러내 달라고 한 것입니다. 예배를 드리는 자가 중요한 게 아니라 받으시는 분, 즉 하나님이 가장 중요하십니다. 우리는 하나님의 종임을 고백해야 합니다. 예배 시간에도 스스로 왕을 자처한다면 크게 잘못된 것입니다.

무려 열두 통의 물이 부어져 푹 젖어 버린 장작이 번제단에 놓였습니다.

이것은 무엇을 상징합니까? 당시 이스라엘의 모습 그대로입니다. 물에 완전히 젖은 장작이 과연 타오를 수 있을까요? 마찬가지로 타락에 젖은 이스라엘이 과연 다시 믿음으로 일어설 수 있을까요?

만약에 하나님이 "일 년 동안 예배에 빠지지 않으면 소원을 하나씩 들어주겠다"고 하신다면 어떻게 하겠습니까? "앞으로 10년 동안 예배에 참석하면 통장에 100억을 입금시켜 주마" 하신다면요? 그래도 예배에 빠질까요?

왜 우리는 예배를 빠짐없이 드리지 못할까요? 이유는 간단합니다. 종교적인 습관이 돼서 그렇습니다.

"하나님이 살아계신 것 맞아요? 매일 기도했지만 달라진 건 아무것도 없었어요. 예배를 드려도 마찬가지예요. 내 삶은 똑같다고요."

예배에 나온다고 뭐가 달라지냐고 묻습니다. 예, 달라지는 게 없을 것입니다. 왜냐면 당신이 젖은 나무이기 때문입니다. 스스로 불태울 수 없습니다.

그러나 젖은 상태 그대로 하나님 앞에 나아오십시오. 말도 안 되는 상황에서 역사하시는 하나님을 경험하게 될 것입니다. 중요한 것은 은혜의 자리에 있느냐 없느냐입니다.

"하나님, 저는 이미 젖어 버린 장작입니다. 소망이 없습니다. 물이 넘쳐흐르니 방법이 없습니다. 그러나 이런 나를 하나님은 회복시켜 주실 수 있음을 믿습니다."

이렇게 고백하는 것이 예배입니다. 진정한 예배는 왕이신 하나님 앞에 내가 주의 종임을 고백하는 데서 시작됩니다.

언제 망하는지 아십니까? 내가 왕이 될 때 망합니다.

언제 회복되는지 아십니까? 내게 말씀이 임할 때 회복됩니다.

젖은 장작에도 불이 붙습니까? 미쳤습니까? 젖은 장작에 어떻게 불이 붙습니까? 그러나 하나님은 하실 수 있습니다. 엘리야의 장작이 탈 만해서 탄게 아니라는 것을 기억하십시오. 하나님의 은혜가 있었기에 불붙을 수 있었습니다.

감동과 은혜를 혼동하지 마라

아합은 잘 먹고 잘 살고 싶어서 풍요의 신인 바알과 아세라를 섬겼습니다. 아합처럼 세상의 풍요를 좇으면 말씀을 놓치게 되어 있습니다. 말씀을 놓치면 무너집니다.

우리 시대도 마찬가지 아닙니까? 하나님을 램프의 요정 지니genie쯤으로 여기고 있지 않습니까? 하나님의 뜻에 순종하기보다는 하나님이 내 뜻대로 움직여 주시길 바라며 기도하고 있지는 않습니까?

저는 간증을 별로 안 좋아합니다. 간증을 들으면 대부분 하나님보다는 그 사람에게 시선이 집중되기 때문입니다.

"비록 쫄딱 망했지만 그 덕분에 예수님을 알게 되었습니다. 할렐루야! 이제는 거지로 죽어도 여한이 없습니다!"

이런 간증을 들어본 적 있습니까? 설사 누군가 하더라도 귀담아 듣지 않겠지요.

자칫 예배의 자리가 무언가 얻기 위해 주님을 찾는 자리가 되지 않도록 주의하십시오. 비록 세상 것은 아무것도 얻는 게 없을지라도 주님을 만군의 여호와로 고백하는 것이 예배입니다. 하박국처럼 "비록 무화과나무가 무성하지 못하며 포도나무에 열매가 없으며 감람나무에 소출이 없으며 밭에 먹을 것이 없으며 우리에 양이 없으며 외양간에 소가 없을지라도"(합 3:17) 주님 앞에 나아와 찬양하는 것이 예배입니다. 이런 고백을 하는 사람은 예배에 빠지지 않습니다. 빠질 수가 없습니다.

어떤 청년이 제게 말했습니다.

"우리 교회 주일 예배는 사람이 적어서 그런지 예배도 그렇고 분위기도 그저 그래요. 그런데 마커스는 찬양이 좋고 사람도 많아서 뜨거워요. 여기에 와야 은혜를 받는 것 같아요."

그러지 마십시오. 예배는 주일에 교회에서 드리는 것입니다. 주일은 주님의 날입니다. 은혜는 아름답고 화려한 외관에서 나오는 것이 아닙니다. 가슴 뜨거워지는 찬양과 분위기에서 나오는 것도 아닙니다. 사람이 적으나 많으나 그 자리에 주님이 계시고 주님이 예배를 받으십니다. 설교자와 찬양 인도자를 보고 은혜 받으려고 하지 마십시오. 아무리 개떡 같이 말씀을 전하고 돼지 멱따는 소리로 찬양한다고 해도 하나님을 바라보는 자에게 은혜가 임합니다.

아무리 감탄스럽게 설교를 잘해도, 눈물 나게 아름다운 찬양을 하더라도 하나님을 바라보지 않는다면 은혜가 임하지 않습니다. 감동과 은혜를 혼동하지 마십시오.

예배의 자세를 회복해야 교회가 삽니다. 교회의 부흥은 예배의 회복에서부터 시작되기 때문입니다. 예배가 물에 젖었습니까? 하나님께 나아가십시오. 물에 젖은 장작 같은 예배에 불을 붙여 주실 것입니다. 하나님만이 예배를 살리실 수 있습니다. 주님만이 나의 왕이라는 고백으로 예배의 자리에 나오는 자가 하나님의 불을 경험합니다.

하나님은 예배드리지 않는 자를 사용하신 적이 없다

혹시 쇼핑하듯이 이 교회 저 교회를 떠돌아다니고 있다면 회개하십시오. 주일 예배가 아닌 다른 예배 모임에서 은혜 받는 것으로 충분하다고 만족하고 있다면 회개하십시오. 단순히 잘못을 인정하라는 얘기가 아니라 삶의 태도를 돌이키라는 얘기입니다.

당신이 하나님을 안다면, 하나님이 당신의 주권자이심을 진짜로 고백한다면 하나님의 전에 나아가 예배를 드려야 합니다. 하나님은 예배드리지 않는 자를 사용하신 적이 없습니다.

믿음의 조상인 아브라함을 보십시오. 아브라함은 인생길이 어떻게 흘러가도 늘 여호와의 이름을 부르며 제단을 쌓고 예배를 드렸습니다.

하나님을 떠나 동방 시날 땅에 자리 잡았던 사람들은 어떻게 했습니까? 여호와의 이름을 부르는 것이 아니라 자신들의 이름을 내기 위해서 바벨탑을 쌓았습니다.

하나님은 하늘까지 닿을 만큼 높은 탑을 쌓을 줄 아는 똑똑한 사람들을 택하시지 않고, 대신에 가는 곳마다 제단을 쌓는 믿음의 사람 아브라함을 선택하셨습니다.

아브라함도 사람입니다. 그도 믿음이 연약해져서 애굽에 내려갔다가 다시 올라온 일이 있었습니다. 그렇지만 그때도 그는 처음 제단을 쌓았던 곳에서 다시 여호와의 이름을 불렀습니다. 무너졌다가도 하나님의 이름을 부르면서 회복되는 이 모습이 바로 믿음의 사람의 특징입니다.

아브라함처럼 정처 없이 떠도는 인생이라도, 물에 젖은 장작 같은 인생이라도 하나님의 이름을 부르며 나아가 예배드릴 때 진짜 은혜가 임합니다.

하나님의 이름이 아닌 자신의 명예를 위해 산다면 그것은 바벨탑을 쌓는 것과 같습니다. 기억하십시오. 바벨탑을 세운 세대는 망했습니다. 흩어짐을 면할 수가 없습니다.

그러나 무너진 제단을 다시 고쳐 세우고 그 위에 젖어 버린 장작을 올리면 하나님의 불이 임할 것입니다.

젖은 모습 그대로
제단 위로
올라가라

저는 불교 집안에서 태어나 자란 만큼 그리스도인으로서 하나님 앞에서 열심히 살려고 누구보다도 노력했습니다. 그런데도 부끄러운 것이 많습니다. 목사가 되고서도 죄인에 불과하구나 하는 생각을 합니다. 어쩌면 이렇게 부족할까요. 설교하고 돌아서면 주님께 죄송합니다. 목회하는 내내 죄송한 마음뿐입니다. 제 인생 자체가 하나님 앞에 죄송합니다. 너무나 죄송해서 때로는 제가 이 길을 계속 가는 게 맞는 걸까 하는 생각을 하기도 합니다.

그러나 이렇게 부족한데도 불구하고 사역을 맡겨 주신 주님의 은혜 때문에 계속 이 길을 걸어갑니다. 그리고 기도합니다.

"하나님, 저는 대단한 목회를 할 자신은 없습니다. 하나님께 받은 은혜를 다 갚을 수도 없습니다. 하지만 이거 하나만큼은 노력하겠습니다. 적어도 저로 인하여 하나님이 모독을 당하시는 일은 없도록 하겠습니다. 그리스도인으로서 죄인된 자신과의 싸움을 멈추지 않겠습니다. 주님 붙잡은 손을 놓지 않겠습니다."

이것이 제 인생의 고백이자 기도입니다.

사람이 아무리 많이 가졌다고 해도 모두 주님이 주신 것이고, 아무리 능력이 출중하다고 해도 그것 또한 주님이 주신 것인데, 어떻게 주님께 내 영광을 드리겠습니까? 주님을 위해 일한다고 하지만 대체 무엇을 얼마나 할 수 있겠습니까? 못하는 것이 오히려 더 많습니다.

저는 청년들에게 비전을 구하는 기도를 섣불리 하지 말라고 조언합니다. 솔직히 말해서 하나님이 비전을 주시면 감당할 수나 있습니까?

"당장 아프리카로 가거라. 순교의 피가 필요하다."

만약에 이렇게 응답하신다면 화들짝 놀라겠지요. 하나님께 손사래 치며 반문할 것입니다.

"아니, 아니, 그거 말고요! 비전을 달라니까요. 멋진 비전이요! 누가 죽음을 달라고 했나요?"

비전을 어떻게 얻는지 아십니까? 달라고 손 내밀어서 받는 것이 아니라 무릎을 꿇고 머리와 가슴으로 받는 것입니다.

당신의 가정이 무너졌습니까? 당신이 다니는 교회가 무너졌습니까? 당신의 삶이 무너졌습니까? 무너진 기도의 단부터 고쳐 세우십시오. 그리고 하나님의 이름을 부르며 예배하십시오. 당신이 지금 물에 젖은 장작 신세라고 할지라도 기뻐하십시오. 제단 위에 젖은 모습 그대로 올라가십시오. 주님이 당신을 불태우실 것입니다.

붙잡는 자가
강자다

●

이제 종이 주의 종들인 이스라엘 자손을 위하여 주야로 기도하오며
우리 이스라엘 자손이 주께 범죄한 죄들을 자복하오니
주는 귀를 기울이시며 눈을 여시사 종의 기도를 들으시옵소서
나와 내 아버지의 집이 범죄하여 주를 향하여 크게 악을 행하여
주께서 주의 종 모세에게 명령하신 계명과 율례와 규례를 지키지 아니하였나이다
옛적에 주께서 주의 종 모세에게 명령하여 이르시되
만일 너희가 범죄하면 내가 너희를 여러 나라 가운데에 흩을 것이요
만일 내게로 돌아와 내 계명을 지켜 행하면 너희 쫓긴 자가 하늘 끝에 있을지라도
내가 거기서부터 그들을 모아 내 이름을 두려고 택한 곳에 돌아오게 하리라
하신 말씀을 이제 청하건대 기억하옵소서
이들은 주께서 일찍이 큰 권능과 강한 손으로 구속하신
주의 종들이요 주의 백성이니이다
느헤미야 1:6-10

믿음은
선택이 아니라
생존이다

자기 자신으로 꽉 찬 사람은 다른 사람의 말을 들을 수가 없습니다. 귀로는 들어도 그 의미를 알지 못합니다. 그래서 문제의 해결책을 알려줘도 해결할 줄 모릅니다. 계속해서 자신의 문제를 털어놓을 뿐입니다.

하나님 앞에서도 마찬가지입니다. 그러니 하나님 앞에 나아갈 때는 자신의 것을 내려놓고 나아가야 합니다. 하나님께만 집중해야 합니다. 그래야 언뜻 듣기에 말이 안 되는 말이라도 하나님의 말씀이라면 들을 수 있는 귀가 열립니다.

기독교는 종교가 아닙니다. 만약에 종교 중의 하나로만 알고 있다면 하나님 앞에 나아가질 못합니다. 살아계신 하나님을 만나는 일이기 때문입니다.

아이는 아빠의 말을 믿습니다. 아빠의 실적과 능력을 눈으로 봐서 믿는 것이 아닙니다. 아빠가 한 말이기 때문에 믿습니다. 믿음은 하나님이 하신 말씀이기 때문에 믿는 것입니다. 이해하기 때문에 믿는 것이 아니라 믿기 때문에 믿어지는 것입니다.

절망했다느니 소망이 없다느니 하는 말은 하나님께 집중하지 않았다는 뜻입니다. 하나님에게는 절망이 없기 때문입니다. 자기 자신을 바라보는 자의 끝은 절망입니다. 그러나 하나님을 바라보면 절망은 사라집니다.

저에게 믿음은 선택이 아니라 생존이었습니다. 사방을 아무리 둘러봐도 방법이 없었습니다. 비빌 언덕이 하나도 없었습니다. 어느 날 부모님이 사라지셨기 때문입니다. 사형제만 덩그러니 냉방에 남겨졌습니다. 부모 없는 아이처럼 지내야 했습니다.

요즘은 아르바이트할 곳이 많지만 제가 어릴 적에는 중국집이 다녔습니다. 그것도 학교 다니면서는 할 수 없는 일이었습니다. 고등학교를 졸업하고 군대에 가기 전에 마땅히 할 수 있는 일이 없었습니다. 기술이 있는 것도 아니니 일자리 구하기가 쉽지 않았습니다. 보호막 없이 스스로 생활을 책임져야 하는 상황에 놓이니 막막하기만 했습니다.

교회에 나가서 하나님의 말씀을 듣고 나름대로 받은 은혜가 있었고 체험도 있었습니다. 그런데도 순간순간 "진짜 하나님이 살아계신가, 지금도 여기에 살아계신가" 하는 의문이 들곤 했습니다.

하나님이 계시지 않다고 하기에는 받은 은혜가 엄연히 있고, 확실히 하나님이 계시다고 하기에는 제가 처한 상황이 너무 처참했습니다.

"저는 하나님의 뜻을 모르겠습니다. 섭리 또한 모릅니다. 앞으로 저를 어떻게 인도하실지도 알 수 없습니다. 그러나 일단 말씀은 듣겠습니다."

이것이 설교를 듣는 솔직한 제 심정이었습니다.

어느 날 목사님이 말씀하셨습니다.

"하나님의 계획은 우리의 계획과 다릅니다. 요셉이 구덩이에 떨어지고 감옥에 간 것이 우리 눈에는 죽음의 길로 보이지만 실은 지름길이었습니다. 모두가 하나님의 계획이었습니다."

그러고 보니 제가 떨어진 바닥이 지름길일 수도 있겠다는 생각이 들었습니다. 솔직히 제 눈에는 지름길이라기보다는 막힌 길처럼 보였지만 일단 믿고 싶었습니다. 그래서 결단했습니다. 스무 살 때의 일입니다.

"하나님, 앞으로 10년을 하나님께 바치겠습니다. 10년 동안 성경이 말하는 대로, 교회가 말하는 대로, 목사님이 시키시는 대로 살겠습니다. 예배와 봉사 그리고 해야 할 것을 다하면서 남는 시간에 아르바이트하겠습니다. 그리고 10년 후 서른이 됐을 때도 상황이 지금과 똑같고 제 믿음도 긴가민가하다면……, 그때는 하나님이 안 계시다고 생각할 겁니다. 미련 없이 교회를 떠나겠습니다. 저는 종교인으로서 취미 생활하듯 교회에 다닐 형편이 아닙니다. 사방이 꽉 막힌 듯한 상황 속에서 저를 이끌어 주실 살아계신 하나님이 절실히 필요합니다. 저는 사람들의 어설픈 위로 따위는 필요 없습니다. 제게 주님을 주십시오."

그렇게 기도드리고 딱 10년 동안 안 해 본 것 없이 수많은 아르바이트를 해 봤습니다. 하루에 아르바이트를 세 개나 할 때도 있었습니다.

그로부터 정확히 10년 뒤 서른이 되자 하나님이 저를 신학교에 입학시켜 주셨습니다. 얼마나 정확한 하나님이십니까. 이럴 줄 알았으면 5년만 드리겠다고 할 걸 그랬다는 생각이 들기도 했습니다.

제가 스무 살 때 무슨 마음으로 하나님께 10년의 청춘을 드린다고 했겠습니까? 제가 그렇게까지 하나님께 올인 하는데 하나님이 정말로 살아계신다면 반드시 역사하실 것이라고 믿었기 때문입니다.

세상에서
가장
강한 신앙

느헤미야도 하나님의 역사를 믿고 기도했습니다. 느헤미야의 기도는 제 기도의 모델입니다. 그는 인생의 가장 캄캄한 순간에 기도를 시작했습니다. 나라가 무너졌습니다. 가정의 보호막이 사라져도 막막한데 나라라는 큰 보호막이 사라졌으니 얼마나 캄캄했겠습니까?

보호막이 사라지고 나면 얼마나 춥고 외롭고 두려운지 너무도 잘 압니다. 어른들이 왜 빨간색만 봐도 빨갱이를 떠올리며 흥분하셨는지 이제는 이해합니다. 전쟁은 겪어 본 사람들만이 압니다. 일제시대를 살았던 사람에게 일본이 어떤 존재일지 우리는 알지 못합니다. 그 시대를 살아본 사람만이 끔찍함을 압니다.

느헤미야는 나라가 무너진 소망 없는 시대를 살았습니다. 영적으로도 기댈 곳이 없어 보이는 시대였습니다. 아닥사스다 왕 제이십년 기슬르월에 느헤미야가 있는 수산 궁에 사람이 찾아왔습니다. 1,600킬로미터나 떨어진 예루살렘에서 온 형제 하나니였습니다. 하나니가 전한 고향의 소식은 끔찍했습니다. 사로잡힘을 겨우 면한 사람들은 큰 환난과 능욕을 받았고, 예루살렘 성은 무너졌으며 성문들도 다 불탔다고 했습니다.

예루살렘 성전은 살아계신 하나님의 상징입니다. 예루살렘 성이 불탔다는 것은 하나님의 임재가 이스라엘을 떠났다는 의미입니다.

교회가 왜 성스럽고 아름답습니까? 하나님의 이름이 있는 곳이기 때문입니다. 크기에 상관없이 외관에 상관없이 하나님께 예배드리는 교회에는 하나님의 임재가 있습니다.

그런데 하나님의 임재를 상징하는 성전이 파괴되었습니다. 소망을 잃었습니다.

예루살렘의 소식을 들은 느헤미야는 금식하며 기도합니다. 느헤미야는 무너진 성벽 때문에 통곡했지만 낙망하지는 않았습니다. 하나님이 없다 하지 않았습니다. 그는 무너진 성전과 성벽 대신에 하나님을 바라봤습니다. 절대 무너지지 않으시는 하나님을 바라본 것입니다. 이것이 느헤미야의 신앙입니다.

하나님이 당신을 위해 존재하는 듯 착각하지 마십시오. 하나님이 당신 문제를 해결해 주기 위해 존재하시는 분입니까? 하나님이 당신 인생을 편안하게 해 주기 위해 일하시는 분입니까? 당신 힘으로 쌓은 성벽, 당신의 정성으로 쌓은 성전이 있다면 오히려 돌 하나 남기지 않고 무너져야 합니다. 그래야만 비로소 하나님이 보입니다.

세상에서 가장 강한 신앙이 어떤 신앙인 줄 아십니까? 병 고치고, 귀신을 쫓는 것이요? 아닙니다. 가장 강한 신앙은 사막 한 가운데 떨어져도, 요나처럼 물고기 뱃속에 들어가도 거기서 하나님을 바라보고 하나님을 붙잡는 것입니다. 그럴 수만 있다면 기적을 볼 수 있습니다. 이스라엘 백성이 광야에서 어떻게 물과 만나와 메추라기를 마시고 먹을 수 있었습니까? 하나님이 동행하셔서 가능했습니다.

하나님을 붙잡고 사는 자가 가장 강한 자입니다. 그는 사람을 좇지 않으며 세상을 따라가지도 않고 사람이나 세상에 굴복하지도 않습니다. 세상이 무너진다고 해도 낙망하지 않습니다. 하나님이 계시는 한 희망이 있기 때문입니다. 이것이 강한 신앙입니다.

기억하고
붙잡는 자가
강한 자다

느헤미야는 하나님을 바라보고 말씀을 기억해 냈습니다. 만일 이스라엘이 범죄하면 여러 나라 가운데에 흩을 것이요 만일 돌아와 계명을 지켜 행하면 쫓긴 자가 하늘 끝에 있을지라도 주의 이름을 두려고 택하신 곳으로 돌아오게 하겠다고 모세에게 하신 말씀을 떠올립니다.

느헤미야는 하나님을 잊지 않았습니다. 성전과 성벽이 무너졌지만 하나님이 살아계심을 잊지 않았습니다. 그래서 하나님 앞으로 나아가 이스라엘이 범죄 때문에 그러한 상황에 처했음을 고백하고 회개했습니다.

신명기 28장은 "네가 들어와도 복을 받고 나가도 복을 받을 것"(신 28:6)이라는 말씀으로 유명한 '축복과 저주의 장'입니다.

"네가 만일 이 책에 기록한 이 율법의 모든 말씀을 지켜 행하지 아니하고 네 하나님 여호와라 하는 영화롭고 두려운 이름을 경외하지 아니하면 여

호와께서 네 재앙과 네 자손의 재앙을 극렬하게 하시리니 그 재앙이 크고
오래고 그 질병이 중하고 오랠 것이라"(신명기 28:58-59).
"여호와께서 너를 땅 이 끝에서 저 끝까지 만민 중에 흩으시리니 네가 그 곳
에서 너와 네 조상들이 알지 못하던 목석 우상을 섬길 것이라"(신명기 28:64).

느헤미야는 말씀에 근거해서 예루살렘 성벽이 무너진 이유가 이스라엘 백
성이 하나님을 떠났기 때문이라고 고백했습니다. 느헤미야는 "하나님, 맞습
니다. 우리의 잘못입니다. 하나님이 계시지 않은 것이 아니요, 우리가 하나님
을 저버린 것입니다. 주의 말씀을 경홀히 여겼습니다" 하고 인정했습니다.

그러고 나서 기막힌 기도를 드립니다. 이 기도 때문에 느헤미야가 성벽 재
건 역사에 쓰임 받을 수 있었습니다. 느헤미야의 기도를 통해 무너짐 가운데
있어도 이렇게 기도드린다면 다시 설 수 있음을 배웁니다.

느헤미야는 하나님을 바라보고 말씀을 기억해 냈습니다. 만일 이스라엘이
범죄하면 여러 나라 가운데에 흩을 것이요, 만일 돌아와 계명을 지켜 행하면
쫓긴 자가 하늘 끝에 있을지라도 주의 이름을 두려고 택하신 곳으로 돌아오
게 하겠다고 모세에게 하셨던 말씀을 떠올립니다.

느헤미야는 하나님을 잊지 않았습니다. 성전이 무너지고 성벽은 무너졌지
만 하나님이 살아계심을 잊지 않았습니다. 그래서 하나님 앞으로 나아갑니
다. 그리고 이스라엘의 범죄 때문에 그러한 상황에 처한 것임을 고백하고 회
개했습니다.

하나님의 약속의 말씀을 기억하고 하나님을 붙잡은 느헤미야가 바로 강한 자입니다.

신앙의 문제는
미성숙의
문제다

우리 교회에 오는 걸 너무나 좋아하는 세 살배기 아이가 있습니다. 늘 교회에 가자고 엄마에게 보챈다고 합니다. 대단한 믿음이라고요? 아이가 왜 그렇게 좋아하는지 아십니까?

사탕 맛을 봐서 그렇습니다. 아이가 교회에 올 때마다 제가 사탕을 줬더니 단 맛에 빠져서 자꾸만 교회에 가자고 보챕니다. 주일에는 제 방에 수시로 드나드느라고 정신이 없습니다.

아이들이 제 방에 들어오는 이유는 단 하나 사탕 때문입니다. 그래서 저는 일부러 막대 사탕을 준비해 놓곤 합니다. 아이들이 저를 찾아오는 목적과 비전이 사탕인데 제가 그것을 충족시켜 주지 못하면 어떻게 되겠습니까? 그래서 늘 사탕을 준비해 둡니다.

아이에게 사탕을 주면서 "친구랑 사이좋게 나누어 먹어라" 하고 주문하지만 대부분의 아이들은 자기 혼자 먹기에도 바쁩니다. 왜냐면 사탕이 그 아이의 전부이기 때문입니다.

어린아이라서 유치하다고요? 과연 그럴까요? 당신이 손에 쥐고 '나의 전부'라고 여기는 것이 하나님 보시기에는 어떻겠습니까? 엄청나게 대단해 보일까요?

아이들이 사탕을 기대하고 제게 왔는데 나눠줄 사탕이 없다고 하면 저를 멸시합니다.

우리도 마찬가지 아닙니까? 하나님께 나아갔는데 내 목적과 비전을 충족시켜 주시지 않으면 하나님을 멸시하지 않습니까.

사도 바울은 예수님을 위하여 모든 것을 버리고 배설물로 여긴다고 했습니다(빌 3:8). 내 손에 쥔 것이 어쩌면 배설물에 지나지 않을 수 있습니다. 그런데 우리는 배설물 같은 것 때문에 낙담하고 욕심껏 집어삼키기도 합니다.

만약에 세 살배기 앞에 10억짜리 수표와 사탕을 놔두고 고르라고 하면 아이가 무엇을 고르겠습니까? 당연히 사탕입니다. 사탕에 목숨을 거는 아이를 보고 어른들은 웃지만 가장 고상한 그리스도를 만났는데도 배설물 따위에 목숨을 거는 우리를 보시는 하나님은 어떠실까요?

결국 신앙의 문제는 미성숙 때문에 벌어진다는 것을 알 수 있습니다. 가치를 알아보지 못해서 문제가 벌어집니다.

불교 집안에서 자란 제가 교회에 다니면서 주님을 영접했습니다. 제게 주님은 놀라운 분이셨고 갈수록 더 궁금해지는 분이었습니다.

그런데 교회 안에는 주님만큼이나 놀랍고 신기한 일들이 있었습니다. 모태신앙인데 주님에 대해서는 아는 게 별로 없다는 게 신기하면서도 잘 이해가 안 되었습니다. 키 작은 삭개오나 다윗과 골리앗 같은 이야기는 몇 개 알고 있지만 정작 주님에 대해서는 아는 게 없는 사람들이었습니다. 놀라운 일입니다.

불교 집안에서 자란 제가 모태신앙인들에게 성경을 가르치는 리더가 되었습니다. 교회는 오래 다녔어도 하나님의 말씀은 고사하고 기도도 할 줄 모르는 친구들이 많았습니다.

눈 감고 한다고 그게 다 기도입니까? 기도는 하나님과의 대화입니다. 대화는 생각과 마음을 주거니 받거니 하면서 나누는 것입니다. 그런데 일방적으로 하나님께 떠들고만 있으면 되겠습니까?

자신의 신앙에 문제는 없는지 스스로 점검해 봐야 합니다. 사단도 시험할 만한 자를 시험합니다. 시험받을 만한 것이 속에 있을 때 시험에 빠진다는 뜻입니다. 원인은 내 안에 있습니다. 그러니 미성숙에서 성숙으로 자라도록 자신과 싸워야 합니다.

**침대가
관이
될 수 있다**

고린도교회는 교회 역사상 가장 문제가 많은 교회였습니다. 있을 수 있는 문제는 다 안고 있었습니다. '아볼로파, 바울파, 그리스도파, 베드로파'로 사람 중심으로 당파가 나뉘었고, 음행이 있었습니다. 부활에 대한 논쟁이 있었고 은사는 넘치도록 많은데 잘못 사용하고 있는데다가 사랑까지 실종되었습니다. 문제란 문제는 다 가진 총체적 문제 교회였습니다. 한마디로 미성숙한 교회였습니다.

바울은 고린도교회에 처방전을 써 주었습니다. 이것은 오늘 이 땅을 살아가는 모든 그리스도인들에게도 똑같이 적용됩니다.

사도 바울은 먼저 "깨어 믿음에 굳게 서서 남자답게 강건하고 모든 일을 사랑으로 행하라"고 충고했습니다(고전 16:13-14). 짧은 구절 안에서 반복적으로 강조한 내용이 무엇입니까? '단단함'입니다. 사랑마저도 단단해야 합니다.

여기서 '깨어'라는 말은 종말론적 사건에 대해 준비하라는 뜻입니다. "너희도 아는 바니 만일 집 주인이 도둑이 어느 시각에 올 줄을 알았더라면 '깨어' 있어 그 집을 뚫지 못하게 하였으리라"(마 24:43)에서 쓰인 '깨어'와 같은 단어입니다. 또 열 처녀 비유에서 "그런즉 '깨어' 있으라 너희는 그 날과 그 때를 알지 못하느니라"(마 25:13)에 나오는 '깨어'도 같은 뜻입니다. 깨어 있는 신앙이란 이 땅의 무너진 가치 대신에 하나님의 가치를 붙잡는 신앙입니다.

사울 왕이 죽은 뒤에 그 아들 이스보셋이 북이스라엘에서 왕 노릇했습니다. 그런데 자기 침상에서 누워 자다가 자기편 군지휘관인 바아나와 레갑에게 죽임을 당하고 목이 베었습니다. 그런데 앞서 아브넬이 요압과 아비새에게 죽임을 당하자 다윗이 애도하며 상여를 따라간 적이 있는데 이때 '상여'와 이스보셋이 누운 '침상'이 히브리어로 같은 단어입니다. 흥미롭지 않습니까? 자기 침대에 누웠는데 그게 곧 관이 될 줄 누가 알았겠습니까?

저는 자동차를 타고 갈 때마다 이것이 내 관이 될 수 있다는 생각을 합니다. 저는 하루하루 죽을 준비를 하면서 삽니다. 언제 떠날지 모르기 때문에 당장 내가 없어져도 문제가 없도록 틈틈이 신경 씁니다.

생각해 보십시오. 인생에 관이 얼마나 많습니까? 누워서 편히 쉬고 싶은 그곳이 곧 관이 될 수 있습니다. 좋은 차가 좋은 관이 될 수 있고, 좋은 집이 곧 좋은 관이 될 수 있습니다.

주님은 여러 가지 현상을 통해서 종말을 일깨우십니다. 지진과 기근과 기후 이상이 지축을 흔듭니다. 무슨 뜻입니까? 이 땅은 천국이 아니며 안전하지 못하다는 뜻입니다. 그러니 태풍이나 홍수나 지진이 일어날 때마다 하나님의 사인을 기억해야 합니다.

겉사람은 언젠가는 죽습니다. 그러고 나서 하나님 앞에 설 것입니다. 그 날을 위해 우리는 깨어 있어야 합니다. 하나님 앞에 서게 될 날이 온다는 것을 잊으면 타락의 길로 들어섭니다.

남자답게
강건하라

깨어 있으십시오. 젊을 때부터 하나님을 두려워해야 나이 들어서도 두려워합니다. 하나님 앞에 서게 될 날을 기대하면서 오늘 깨어나십시오.

사도 바울은 믿음에 굳게 서라고 권면합니다. 굳게 선다는 것은 의심 없이 흔들리지 않고 뜻을 확고히 한다는 뜻입니다. 하나님 앞에 뿌리를 굳게 내려야 합니다. 작은 나무가 아니라 큰 기둥이 되십시오. 믿음 위에 굳게 선 자는 마귀도 무서워합니다.

> "너희 염려를 다 주께 맡기라 이는 그가 너희를 돌보심이라 근신하라 깨어
> 라 너희 대적 마귀가 우는 사자 같이 두루 다니며 삼킬 자를 찾나니 너희
> 는 믿음을 굳건하게 하여 그를 대적하라 이는 세상에 있는 너희 형제들도
> 동일한 고난을 당하는 줄을 앎이라 모든 은혜의 하나님 곧 그리스도 안에
> 서 너희를 부르사 자기의 영원한 영광에 들어가게 하신 이가 잠깐 고난을
> 당한 너희를 친히 온전하게 하시며 굳건하게 하시며 강하게 하시며 터를
> 견고하게 하시리라"(베드로전서 5:7-10).

강하고 굳건하십시오. 사탕 하나에 눈동자가 흔들리는 어린아이가 되지
말고, 마귀가 우는 사자처럼 흔들어도 강하게 대적할 수 있도록 굳건하십시
오. 주님만 바라보는 사람, 주님만 소망하는 사람은 이 땅의 것으로 흔들림이
없습니다. 사탄조차도 이런 사람은 흔들 수가 없습니다.

염려의 헬라어 '메림나오'에는 "두 군데를 바라보다"라는 뜻이 있습니다. 두
군데를 바라보는 것, 그것이 염려입니다. 마음이 정해지지 않았다는 것입니다.

사도 바울은 "깨어 믿음에 굳게 서서 남자답게 강건하라"고 권면합니다
(고전 16:13). 헬라어권에서 남성은 강하게 지키는 미덕의 상징이었습니다. 마초
macho처럼 거친 것을 말하는 게 아닙니다. 맡은 바 책임을 다하고 지킬 줄 아
는 것을 말합니다.

여기서 '남자답게'라는 것은 어떤 어려움이 있어도 책임감을 가지고 강하게 버티고 다른 사람에게 그늘이 되어 줄 수 있는 자가 되라는 뜻입니다.

하나님 앞에 서게 될 종말에 대한 의식 없이 눈에 보이는 것에 마음이 갈대처럼 흔들릴 때 각종 문제가 일어난다는 것을 아십시오. 신앙의 문제는 상황의 문제가 아닙니다. 상황을 이기지 못하는 내 믿음의 문제입니다.

믿음은 환난 가운데 드러납니다. 믿은 만큼 이깁니다. 몸이 아프면 병원에 갈 줄 아는 사람이 영적으로 병약할 때는 왜 하나님을 찾으러 나서지 않습니까? 그래서 문제가 계속 생기는 겁니다.

서른 살이 된 사람이 몇 년을 살았을까요? 나이를 이미 밝혔는데 왜 묻느냐고요? 서른 살이 되었다고 30년을 산 게 아니기 때문에 묻는 것입니다. 우리는 인생의 3분의 1은 잠으로 보냅니다. 잠이 많은 사람은 3분의 1보다 더 많이 잘 수도 있습니다. 또 어영부영 보내는 시간이 얼마입니까. 진짜 사는 것처럼 산 시간이 끽해야 5년 남짓이나 될까요?

이렇게 보면 인생에서 고생은 별로 없는 것 같습니다. 인생이 이렇게 그냥 가는데 무슨 고생을 합니까. 이렇게 짧게 흘러가는 인생 속에 무슨 원망이 그렇게 많으며 낙담이 그렇게 많습니까? 인생, 얼마나 살았다고 그 모양입니까?

자기 문제 안에 갇혀 사는 것은 미성숙하기 때문입니다. 하나님이 당신에게 무엇을 원하시는지 고민해 본 적 있습니까? 제대로 반응해 본 적 있습니까? 하나님 앞에 서기 위해 자신과 싸워 본 적 있습니까? 하나님의 뜻도 모르면서, 하나님의 계획도 이해하지 못하면서 당신 자신밖에 모르고 당신 문제에 함몰되어 허우적거리는 겁니까? 그러니까 늘 다른 사람 때문에 상처 받는 찌질이가 되는 겁니다. 이런 사람은 하나님 앞에서 늘 우는 소리를 합니다.

"엄마, 쟤가 때렸어. 내 사탕 뺏어 갔어. 앙~"

우리 교회 세 살배기들이 엄마를 찾으며 울 때 하는 얘기입니다. 다 자라서도 이런다면 그게 바로 찌질이입니다.

지금 드리는
기도가
10년 후를 바꾼다

청소를 잘하는 사람한테는 깨끗이 하라는 말을 하지 않습니다. 순종하는 사람에게는 순종하라는 말이 필요 없습니다. 순종하라는 것은 순종하지 않기 때문입니다.

이 땅에 필요한 사람이 누구인줄 아십니까? 문제로 가득한 세상 속에서 남자답게 강건한 모습으로 일어나 다른 이들의 마음을 시원케 하는 하나님의 사람이 필요합니다.

기성세대 탓만 하지 마십시오. 언젠가 그들도 당신도 하나님 앞에 서게 될 것입니다. 하나님이 판단하십니다.

미성숙에서 벗어나십시오. 아직 제대로 살아보지도 못했지 않습니까? 누구 때문에 실족했다느니 시험 들었다느니 하는 소리는 하지도 마십시오.

우선 결혼이라도 해 보고 말하십시오. 배우자와 자녀를 책임져 보십시오.

결혼 전의 신앙은 신앙이 아니라는 것을 깨닫게 될 것입니다. 아이를 키우다 보면 본의 아니게 예배에 늦을 때가 있습니다. 챙겨야 할 것이 너무 많습니다. 기저귀도 갈아줘야 하고 때 맞춰 밥도 먹여야 합니다.

그런데 미혼은 어떻습니까? 자기 자신 외에 챙길 것이 뭐가 있습니까? 화장하느라고요? 면도하느라고요? 옷 챙겨 입느라고 늦습니까?

남녀가 연애하다가 헤어졌는데 왜 신앙이 흔들려야 합니까? 대학 떨어졌다고 세상이 무너집니까? 저는 서른 살이 돼서야 대학에 들어갔습니다. 남보다 잘생기지 않아서 살맛이 안 납니까? 시원하게 머리 빠져 본 적 있습니까? 전 있습니다. 아픈 데가 많아서 주의 일을 감당하기 어렵습니까? 전 머리부터 발끝까지 구석구석이 병입니다.

믿음이 흔들릴 만큼 중대한 문제가 뭡니까? 왜 겉 사람 때문에 속사람이 낙망하고 죽어야 합니까?

저는 청년 시절에 이해할 수 없는 삶의 어려움을 만날 때마다 주님 앞에 고백했습니다.

"주님은 절대로 이유 없이 연단하시지 않습니다. 신실하신 하나님은 이유 없이 행하지 않으시기 때문입니다. 분명히 제 인생을 멋있게 만드실 것을 믿습니다."

대장부처럼 강하고 담대하십시오. 기도로 싸워 이기십시오. 지금 드리는 당신의 기도가 10년, 20년 후 이 민족을 바꿀 것입니다. 당신의 굳건한 믿음 때문에 이 민족이 쓰임 받을 것입니다.

법궤는
어깨로 메야
한다

다윗이 이스라엘에서 뽑은 무리 삼만 명을 다시 모으고
다윗이 일어나 자기와 함께 있는 모든 사람과 더불어 바알레유다로 가서
거기서 하나님의 궤를 메어 오려 하니 그 궤는 그룹들 사이에
좌정하신 만군의 여호와의 이름으로 불리는 것이라
그들이 하나님의 궤를 새 수레에 싣고 산에 있는 아비나답의 집에서 나오는데
아비나답의 아들 웃사와 아효가 그 새 수레를 모니라
그들이 산에 있는 아비나답의 집에서 하나님의 궤를 싣고 나올 때에
아효는 궤 앞에서 가고 다윗과 이스라엘 온 족속은 잣나무로 만든 여러 가지 악기와
수금과 비파와 소고와 양금과 제금으로 여호와 앞에서 연주하더라
그들이 나곤의 타작 마당에 이르러서는 소들이 뛰므로 웃사가 손을 들어
하나님의 궤를 붙들었더니 여호와 하나님이 웃사가 잘못함으로 말미암아 진노하사
그를 그 곳에서 치시니 그가 거기 하나님의 궤 곁에서 죽으니라
여호와께서 웃사를 치시므로 다윗이 분하여 그 곳을 베레스웃사라 부르니
그 이름이 오늘까지 이르니라

사무엘하 6:1-8

하나님의 궤가
사람에 의해
이리저리 옮겨지다

다윗이 여호와의 법궤를 되찾아 오는 장면입니다. '만군의 여호와의 이름으로 불리는' 궤를 찾는 일이니 얼마나 정성을 기울였겠습니까? 새 수레를 장만하고 왕과 이스라엘 온 족속이 온갖 악기를 연주하며 정성을 다해 궤를 운반했습니다.

법궤는 모세가 하나님으로부터 받은 십계명을 새긴 석판을 넣은 거룩한 궤입니다. 사사시대 엘리 제사장 때 그의 두 아들 홉니와 비느하스가 블레셋과 전쟁을 벌였는데, 혹시 하나님의 궤를 부적처럼 앞세우면 전쟁에서 이길까 하는 생각에 법궤를 운반해 나갔습니다. 그러나 전쟁에 패하여 블레셋 사람들에게 법궤를 빼앗겼습니다.

블레셋은 여호와의 법궤를 전리품으로 챙겨 자기들이 섬기는 다곤 신당에 보관했습니다. 그러나 다음 날 다곤 신상의 머리와 손발이 잘려 나가고 몸뚱이만 남은 것을 발견하고 법궤의 저주라고 여겼습니다. 뿐만 아니라 독종이 번져 사람들이 죽어 나가자 견디지 못하고 이스라엘로 돌려보내고자 암소에 태워 벧세메스로 보냈습니다.

하나님의 궤가 돌아오는 것을 본 벧세메스 사람들은 기뻐하며 번제물을 드렸습니다. 그러나 그들도 법궤를 하나님의 임재로 보지 못하고 한낱 물건으로 여겨 함부로 들여다보는 바람에 주민 70명이 죽임을 당했습니다. 두려움을 느낀 벧세메스 사람들이 기럇여야림 사람들에게 궤를 옮겨 갈 것을 요청해서 기럇여야림 사람들이 산에 사는 아비나답의 집에 들여다 놓고 보관해 왔던 것입니다.

왕이 된 다윗이 아비나답의 집에 모셔져 있던 법궤를 찾아 성전으로 옮기고자 했습니다. 그런데 법궤를 실은 수레가 나곤의 타작마당에 이르자 소들이 날뛰기 시작했습니다. 열정적인 찬송과 정성이 한순간에 흔들린 것입니다.

웃사가 손을 뻗어 흔들리는 법궤를 붙들었습니다. 그러나 그 자리에서 즉사하고 말았습니다. 결국 법궤는 다윗 성으로 돌아가지 못하고 오벧에돔의 집으로 옮겨졌습니다.

하나님은 왜 다윗과 온 이스라엘의 정성을 받지 않으셨을까요?

입을 다물고
귀를
기울이라

하나님은 사람이 아무리 정성을 다하고 최선을 다한다 하더라도 받을 수 없는 것이라면 받지 않으십니다. 이것이 바로 예배입니다. 이것이 바로 신앙입니다.

"내가 얼마나 최선을 다했는데요. 내가 얼마나 정성을 다했는데요. 내게 있는 것을 다 드렸는데, 하나님이 어떻게 나한테 이러실 수 있어요?"

무엇을 얼마나 드렸는가는 중요하지 않습니다. 왜냐면 그것 또한 원래 하나님의 것이기 때문입니다. 자기 것도 아니면서 자기 것처럼 생색내지 마십시오. 신앙은 사람의 정성과 열심과 노력이 아닙니다.

제가 형에게 볶음밥을 해 준 적이 있습니다. 35년 전의 일입니다. 얼마나 드문 일이면 35년 전의 일을 기억하겠습니까. 냉장고에 든 야채를 모두 꺼내 톡톡톡 탁탁탁 썰었습니다. 밥과 함께 볶다가 마지막에는 계란프라이까지 얹었습니다. 고소한 냄새에 비주얼은 또 얼마나 끝내줬는지 모릅니다. 만드는 데 한 시간 반이 걸린 작품입니다.

김이 모락모락 나는 볶음밥을 그릇에 소복하게 담아서 형에게 차려 주었습니다. 제가 봐도 참 먹음직스러워 보였습니다. 형이 얼마나 맛있게 먹는지 보려고 마주앉았습니다. 형이 한 숟가락을 떠서 입에 넣었습니다. 형의 얼굴에 미소가 번지기를 기다렸습니다.

그런데 형이 숟가락을 내려놓는 것이었습니다.

"형, 왜 안 먹어?"

"네가 먹어 봐라."

"내가 얼마나 정성스럽게 만들었는데……. 이거 만드느라고 땀을 바가지로 흘렸단 말이야."

투덜거리며 한 숟가락 떠서 맛봤습니다. 우두둑. 야채가 생생하게 살아있었습니다. 밥과 야채를 한 데 넣고 볶아서 밥은 적당히 눌어붙었는데 야채는 하나도 안 익었습니다. 알고 보니 야채를 먼저 볶고 난 다음에 찬밥을 넣고 볶아야 맛있다고 하더군요.

보기에는 그럴 듯해 보이는데 생감자가 씹히니 먹을 수가 없었습니다.

"형, 먹지 말자."

저도 숟가락을 내려놨습니다. 결국 저의 땀과 노력은 쓰레기통으로 들어가고 말았습니다.

정성껏 땀 흘려 가며 열심히 만들었으니 무조건 먹어야 할까요? 아닙니다. 먹을 만해야 먹는 겁니다. 하나님이 받으실 만한 예배를 드려야지 그렇지 않으면 꽹과리 소리만도 못한 소음이 될 수도 있습니다.

아무리 열심히 부르짖어도 하나님이 아무 말씀도 안 해 주신다고요? 오죽하면 그러시겠습니까? 입을 다물고 귀를 기울이십시오. 자기 얘기만 퍼붓지 말고 하나님께 귀 기울여 보십시오.

정성과 열심이 필요합니다. 그러나 전부는 아닙니다. 보다 중요한 것이 있습니다.

모르는 건
약이 아니라
죽음이다

하나님의 법궤는 기럇여아림에 20년간 머물렀고 그 후에 사울이 왕이 되었습니다(삼상 7:1). 사울의 재위 기간이 40년이니 법궤는 거의 70여 년 만에 예루살렘으로 돌아오게 된 셈입니다.

이스라엘은 법궤의 귀환을 소망했겠지만 사울은 그다지 관심을 보이지 않았습니다. 그의 시대에 법궤가 돌아오지 않은 것은 하나님의 뜻이기도 합니다.

다윗의 때에 드디어 법궤가 돌아오게 됐습니다. 자기가 태어나기도 전에 빼앗겼던 법궤를 되찾아오는 길이니 얼마나 기뻤겠습니까. 법궤는 하나님의 임재의 상징입니다. 사울의 때에는 돌아오지 않았던 법궤가 다윗의 때에 돌아오니 전심을 다해 옮기지 않았겠습니까?

그런데 별안간 나곤의 타작마당에서 소가 날뛰었습니다. 다윗의 정성과 열심과 노력이 한순간에 흔들렸습니다. 이 모든 것이 하나님께는 아무것도 아니었단 말입니까? 게다가 웃사가 놀라서 법궤를 붙잡자 여호와께서 진노하여 치셨습니다. 다윗은 그곳을 '베레스웃사'라고 불렀습니다. 하나님이 웃사를 치셨다는 뜻입니다.

이 이야기가 이해되십니까? 하나님의 법궤가 땅에 떨어질 판인데 그냥 놔둬야 했을까요? 웃사는 반사적으로 붙잡았을 뿐인데 꼭 죽임을 당해야만 했을까요? 하나님이 너무하신 것 아닙니까?

아닙니다. 하나님은 너무하시지 않았습니다. 안타깝지만 웃사가 죽을 짓을 했습니다.

여호와의 법궤입니다. 벧세메스 사람들은 들여다보는 것만으로도 죽었을 만큼 거룩한 임재의 상징입니다(삼상 6:19). 법궤를 가벼이 보지 말라는 뜻입니다. 하나님이 법궤에 대해 하셨던 말씀을 알아보지도 않고 이방인들이나 하는 짓을 그대로 따라 했으니 죄라는 것입니다.

웃사는 하나님의 말씀에 대한 무지 때문에 죽었습니다. 다윗 또한 무지했습니다. 그래서 하나님이 영광을 받으실 수 없었습니다.

"진영을 떠날 때에 아론과 그의 아들들이 성소와 성소의 모든 기구 덮는 일을 마치거든 고핫 자손들이 와서 멜 것이니라 그러나 성물은 만지지 말라 그들이 죽으리라 회막 물건 중에서 이것들은 고핫 자손이 멜 것이며"(민수기 4:15).

법궤는 고핫 자손이 어깨에 메야 합니다. 이방 족속인 블레셋이나 수레로 옮깁니다. 성물을 만지는 자는 죽는다고 분명히 말씀하셨습니다. 그럼에도 불구하고 무지해서 지키지 못했습니다. 하나님의 말씀에 대한 무지도 죄가 됩니다.

하려거든
제대로
똑바로 하라

하지만 땅에 떨어지려는 법궤를 붙잡지 말아야 했는가 라는 문제가 남습니다. 하나님의 법궤는 사람이 지킬 수 있는 대상이 아닙니다. 하나님의 임재의 상징이기 때문입니다. 하나님이 스스로 지키십니다.

웃사가 하나님의 임재를 지켜 드릴 수 있다고 믿습니까? 손을 들어서 붙잡으면 잡을 수 있다고 믿습니까? 웃사가 잡지 않아도 법궤가 스스로 공중에 떠 있었을 수도 있지 않겠습니까? 하나님이 지키려고 하셨다면 어떻게 해서든 지키셨을 것입니다. 법궤를 손으로 붙잡아 지킬 수 있다고 생각하는 것이 교만입니다. 웃사의 이름 뜻은 '능력'입니다. 하나님의 법궤를 인간의 능력으로 제어할 수 있을까요? 감히……? 아니, 그럴 수 없습니다. 인간적으로 보기에는 순간적인 대처였을지 모르지만 하나님이 보시기에는 무지로부터 비롯된 교만일 뿐이었습니다.

인간의 보호가 필요한 하나님이 아니십니다. 웃사는 하나님이 어떤 분이신지 알지 못했습니다. 인간의 힘과 능력으로 법궤가 무너지는 것을 막을 수 있다고 여겼습니다. 바로 이것이 죄입니다.

"웃사를 치셨다"의 히브리어 원어를 풀어 보면 "여호와의 노가 웃사 안에서 불붙었다"는 뜻입니다. '치다'에는 '폭발하다. 터지고 나오다'라는 뜻이 있습니다.

수류탄이 떨어지자 누군가 용감하게 몸을 날려서 덮었습니다. 그 다음에 어떤 일이 벌어집니까? "아잇, 간지럽네" 하고 끝납니까? 아닙니다. 불꽃처럼 산화할 것입니다. 폭탄을 껴안고도 안 터지기를 바랍니까? 그렇다면 무지한 거죠.

거룩하지 않은 자가 거룩한 것을 만지면 거룩한 불에 의해 터져 버립니다. 부정한 자가 거룩한 것을 만지면 죽습니다. 웃사는 자기가 어떤 존재인지도 몰랐습니다. 하나님의 임재의 상징을 손으로 만져도 자기는 살 수 있다는 무지에서 비롯된 자신감이 웃사를 죽음으로 몰아넣은 것입니다.

오늘날 신앙의 가장 큰 문제가 무엇입니까? 하나님 말씀에 대한 무지입니다. 정성도 있고 열심도 있지만 정작 하나님에 대해서는 아는 바가 없습니다.

마커스 목요예배모임에 비가 오나 눈이 오나 참석하는 청년들의 열심을 보면 대단하다는 생각이 듭니다. 그러니 따뜻한 말로 부드럽게 위로하는 설교를 해야겠다고 생각이 들기도 합니다. 그러나 만약에 제가 그렇게 한다면 그건 사기입니다. 맞춤 설교를 하는 것입니다.

"당신이 아무리 정성을 다하고 열심을 다한다고 해도 올바른 방법으로 하나님의 말씀을 따르는 게 아니라면 하나님께서 영광을 받으실 수 없습니다. 하려거든 제대로 똑바로 하십시오."

이렇게 말해 줘야 옳습니다. 그렇지 않고 듣기에 좋은 소리만 해 준다면 그것은 오히려 당신에게 해악이 됩니다.

"내가 하나님께 얼마나 열심히 기도했는데요, 봉사를 얼마나 많이 했는데요. 안 믿는 집안에서 어렵게 신앙생활하고 있는데 제 문제 하나 해결해 주시지 않는 하나님이 야속합니다. 부모님이 '네가 믿는 하나님이 너한테 해 준게 뭐가 있느냐'고 너나 잘 믿으라고 조롱과 수치를 주셨어요. 하나님이 저한테 어떻게 이러실 수 있죠?"

이런 하소연을 들으면 마음이 안타깝지만, 냉정하게 말해 주어야 합니다. 하나님의 구원과 사랑하심에 대한 감사가 있는지 먼저 점검해 보라고 말해 주어야 합니다. 혹시 자기도 모르게 내 정성과 내 열심이 내 자랑거리가 되고 있지는 않은지, 혹시 안락한 인생을 보장받고 싶어서 하나님을 의지하는 것은 아닌지 점검해 보라고 말해 주어야 합니다.

무슬림은 알라에게 목숨을 바치는 정성을 다하고 축복 받기를 원하고, 불교도는 부처의 깨달음을 통해 해탈하기를 원합니다. 그리스도인은 하나님께 무엇을 원합니까? 하나님께 복 받기 위해서 예수 믿습니까? 그렇다면 세상 종교와 별다를 바가 없지 않습니까?

말씀을
모르면
충돌한다

예수 그리스도가 이 땅에 오셔서 십자가를 지심으로써 저와 당신에게 새 생명을 주셨고 죄로부터 자유할 수 있는 길을 여셨습니다. 죄인을 의인으로 만드셨습니다. 이것이 복입니다.

당신은 하나님의 말씀과 하나님의 방법에 대해 얼마나 알고 있습니까? 하나님은 아랑곳하지 않고 내 열심과 내 정성을 다하면 그만입니까? 도대체 그게 무슨 의미가 있으며 무슨 가치가 있습니까?

해외에서는 '한국식' 기도에 대해 큰 관심을 가지며 배우고 싶어 합니다. 기도를 시작하자마자 방언이 쏟아져 나옵니다. 기도 시간도 시간별 요일별로 다양합니다. 공동체도 많고 봉사처도 많습니다.

그런데 정작 하나님의 말씀에는 무지합니다. 이상하지 않습니까? 하나님의 백성이 주의 말씀을 묵상하지 않고 어떻게 신앙이 잘 자라기를 바랍니까?

기도와 예배도 중요하지만 주의 말씀을 아는 것 또한 매우 중요합니다. 저는 은사를 반대하거나 무시하지는 않지만 무조건 좇는 것은 반대합니다. 은사는 성령님이 성도 각자의 유익을 따라 주시는 것입니다. 우리가 좇아야 할 것은 은사가 아니라 주의 말씀입니다.

청년이 무엇으로 그의 행실을 깨끗하게 하겠습니까? 성경은 말합니다. 오직 "주의 말씀만 지킬 따름"이라고요(시119:9). 하나님의 말씀을 모르면 하나님이 어떤 분이신지 무엇을 기뻐하시는지 어떻게 영광 받으시는 줄 알 길이 없습니다.

개역한글에는 "여호와께서 웃사를 충돌하시므로"라고 번역되어 있습니다. '치셨다' 대신에 '충돌했다'라고 표현했습니다. 재미있지 않습니까? 열심히 기도하고 봉사하고 있다고 믿고 있는데 실은 내내 하나님과 충돌하고 있다는 것입니다.

하나님과 충돌하면서 하나님의 임재를 어떻게 기대할 수 있겠습니까? 당신이 하나님을 진정으로 원합니까? 그렇다면 하나님의 뜻과 하나님의 방법을 배우고 따르십시오. 그것이 마땅합니다.

"하나님의 시기에 하나님의 방법으로!"

이것은 마커스의 모토입니다. 그동안 많은 실수와 실패를 경험했지만 그때마다 하나님의 말씀으로 돌이키곤 했습니다. 우리가 말씀을 통해 배우고 깨달은 것은 하나님의 시기에 하나님의 방법으로 하나님이 일하신다는 것입니다.

나의 때에 나의 방법으로 일하지 않도록 주의하십시오. 만약에 그렇게 했다면 회개하십시오. 돌이키십시오. 회개와 후회는 다릅니다. 회개는 방향을 돌이켜 다시는 그 일을 하지 않는 것이요, 후회는 울면서 돌아가는 것입니다. 회개는 하나님을 선택하는 것이고 후회는 다시 나를 선택하는 것입니다.

길을 잘못 들어서도 돌아 나오는 길을 알면 안전합니다. 누구나 실수할 수 있습니다. 그리고 누구나 회개할 수 있습니다. 우리 중에 누구도 완전한 의인은 없습니다. 돌아 나오는 길은 하나님의 말씀이 인도합니다. 그러니 말씀을 배우십시오. 말씀을 익히십시오.

분을 내고
근심해야 할
때다

다윗도 실수와 실패를 반복했습니다. 하나님이 웃사를 치시자 다윗은 분하여 그곳을 '베레스웃사'라 불렀습니다. 다윗이 분했다니 이상하지요? '분하다'의 의미를 다음 구절에서 찾을 수 있습니다.

"당신들이 나를 이 곳에 팔았다고 해서 근심하지 마소서 한탄하지 마소서 하나님이 생명을 구원하시려고 나를 당신들보다 먼저 보내셨나이다"

(창세기 45:5).

사무엘상의 '분하다'와 창세기의 '근심하다'는 같은 단어입니다. 즉 다윗이 근심했다는 것입니다. 법궤의 귀환을 멈추게 한 자신의 무지에 대해 분을 낸 것입니다. 하나님에 대한 분이 아니라 주의 말씀을 몰라서 본의 아니게 하나님을 모독하게 된 것에 대해서 분노한 것입니다.

하나님이 웃사를 치시자 다윗은 두려워하며 법궤를 어찌 옮길 수 있겠는가 탄식했습니다. 자신의 무지를 뼈저리게 회개한 다윗은 석 달 동안 철저하게 준비해서 하나님의 방법대로 법궤를 다시 옮김으로써 하나님을 높였습니다. 그래서 다윗이 하나님 마음에 합한 자라 불리는 것입니다.

오늘날 우리에게는 다윗과 같은 근심과 분이 없는 것 같습니다. 저는 말합니다.

"청년들이여, 분노하십시오! 근심하십시오. 두려워하십시오. 교회가 손가락질 받고 있습니까? 하나님이 받으시는 겁니다. 팔짱 끼고 나 몰라라 하시겠습니까? 어른들 탓으로만 돌리지 마십시오. 시대의 책임은 모두에게 있는 것입니다. 제가 그리고 당신이 이 시대를 살고 있지 않습니까."

지금은 분해야 할 때입니다. 근심해야 할 때입니다. 두려워해야 할 때입니다. 그래야 앞으로 10년, 20년 뒤가 달라집니다. 그때를 위해서, 지금 하나님의 말씀을 배우려고 노력하십시오. 다윗처럼 고민하십시오. 그렇게 해야 하나님의 임재를 경험할 수 있고, 하나님이 영광 받으시는 새로운 시대를 열 수 있습니다.

어느 시대나 타락의 이유는 하나입니다. 하나님의 방법대로 하지 않을 때 타락합니다. 열심과 정성과 노력은 있지만 하나님의 뜻대로 하지 않으면 하나님을 모독하는 것입니다. 하나님과 충돌하는 것입니다. 결국 하나님의 치심을 받고 폭발하고 말 것입니다.

찬양을 좋아하십니까? 찬양은 해서 뭐하려고요? 말씀은 들어서 뭐하고, 기도는 해서 뭐합니까? 하나님의 이름으로 모였으면 살아계신 하나님을 붙잡고 이 땅에서 하나님을 높여 드려야 하지 않겠습니까? 당신의 인생이 하나님의 마음에 합하도록 싸워야 하지 않겠습니까?

말씀을 읽으십시오.

말씀을 읽으십시오!

말씀을 읽으십시오!!

말씀에서 주의 방법을 찾으십시오. 기도하기 전에, 열심을 다해 봉사하기 전에 하나님의 뜻대로 맞게 하고 있는지 먼저 살피십시오. 근심하고 두려워하면서 말씀에 비추어 한 걸음 한 걸음 조심스럽게 나아가십시오.

그렇게 하면 하나님의 법궤가 돌아올 것입니다. 주의 영광의 임재가 다시 당신 안에, 이 땅 가운데 임할 것입니다.

예배는 살아계신 하나님께 드리는 것이고
우리는 하나님의 은혜를 받는 존재일 뿐입니다.
하나님과의 관계, 즉 예배가 회복되지 않고서
은혜가 흘러가는 일은 없습니다.

사단이 귀를 괴롭힐 때
가슴으로 답하면 승리한다

2012. 08. 30 마카스 북요일예배모임

인생을
바꾸는
가슴 소리

보김,
울지만
돌아오지 않는
사람들

●

여호와의 사자가 길갈에서부터 보김으로 올라와 말하되
내가 너희를 애굽에서 올라오게 하여
내가 너희의 조상들에게 맹세한 땅으로 들어가게 하였으며
또 내가 이르기를 내가 너희와 함께 한 언약을 영원히 어기지 아니하리니
너희는 이 땅의 주민과 언약을 맺지 말며 그들의 제단들을 헐라 하였거늘
너희가 내 목소리를 듣지 아니하였으니 어찌하여 그리하였느냐
그러므로 내가 또 말하기를 내가 그들을 너희 앞에서 쫓아내지 아니하리니
그들이 너희 옆구리에 가시가 될 것이며
그들의 신들이 너희에게 올무가 되리라 하였노라
여호와의 사자가 이스라엘 모든 자손에게 이 말씀을 이르매
백성이 소리를 높여 운지라 그러므로 그 곳을 이름하여
보김이라 하고 그들이 거기서 여호와께 제사를 드렸더라
사사기 2:1-5

은혜보다
복이 먼저
눈에 들어오는가

하나님은 사람을 통해서 역사하십니다. 믿음의 사람들에게 달란트, 즉 은사를 주셔서 하나님의 역사에 쓰임 받게 하십니다. 제게는 말 잘하는 은사와 떨지 않는 은사를 주신 것 같습니다. 저보다 언변이 좋은 분들도 강대상에 오르면 떨린다는데 저는 좀처럼 떠는 일이 없습니다. 그런데 다른 자리에서는 무척 수줍어하며 떨기도 합니다. 참 희한하죠.

은사에는 모순이 있습니다. 정작 우리 눈에는 하나님이 안 보이고 사람과 은사만 보인다는 것입니다. 하나님의 영광을 위하여, 하나님이 사용하시려고 은사를 주셨는데 본질을 놓치기가 쉽습니다.

저는 '영성'이란 말을 무척 싫어합니다. 얼마나 싫어하는지 제가 굉장히 존경하는 어떤 목사님의 말씀에도 고개를 저었을 정도입니다.

"김남국 목사, 이번 자네 강의의 제목이 뭔가?"

"아직 못 정했습니다."

"〈목회와 영성〉 어떤가?"

"전 영성이 싫습니다."

"하나님과 친밀한 게 바로 영성이라네, 김남국 목사."

"예, 알고 있습니다. 그래도 싫습니다."

어느 정도인지 아시겠죠? 왜 그렇게 싫어하느냐고요? '영성' 하면 어떤 느낌이 떠오릅니까? 사람들은 누구에게 영성이 있다 없다 쉽게들 말하지만 저는 듣기에 몹시 거북합니다. 마치 그 '사람' 안에 뭐가 있다 없다 하는 것 같아서 싫습니다. 사람은 죄다 죄인입니다. 하나님의 은혜 없이는 살 수 없는 죄인이라는 점에서 누구나 다 똑같습니다.

주의 이름으로 모인 사람들이 많은 곳에서 오히려 성령의 능력과 역사를 찾아보기가 어렵다는 사실을 아십니까? 소망교회의 곽선희 원로목사님이 이런 말씀을 하신 적이 있습니다.

"성령의 역사 없이도 교회 성장이 가능하다. 비즈니스적인 방법으로, 인본주의적 방법으로 사람을 즐겁게 할 수 있다. 그러니 늘 조심하라."

저는 이 말씀에 동의합니다. 이단 세력들을 보십시오. 영성 없이도 잘 모이고 행사도 잘 치르지 않습니까? 그러니 겉만 보고는 알 수가 없습니다.

1907년에 한반도를 뜨겁게 했던 대부흥운동은 오로지 말씀과 회개의 운동이었습니다. 은사와 능력이 없이도 하나님의 말씀에 순종했고, 그 말씀을 받아서 삶을 돌이키는 회개가 일어났습니다. 하나님 말씀을 붙잡고 정직하게 살려고 노력했습니다. 이런 운동이 있었기 때문에 하나님이 한국 교회에 놀라운 복을 부어 주신 것입니다.

그런데 언젠가부터 한국 교회가 틀어지기 시작했습니다. 교회에 부흥의 바람이 불자 사람들이 모이기 시작했고 가난을 벗어나는 은혜도 경험하게 되었습니다. 그러자 교회에 가면, 기도하면 부자가 된다는 오해와 착각이 일어나기 시작했습니다. 어느 때인가부터 하나님의 은혜보다는 잘되는 사람들이 누리는 복이 눈에 먼저 들어오기 시작한 것입니다.

재물의 축복이 주님을 좇는 이유가 될 수 없습니다. 인생이 잘 풀리느냐 안 풀리느냐는 주님을 좇는 기준이 될 수 없습니다. 당신도 이런 것들이 이유나 기준이 될 수 없다는 데에 동의하십니까? 대부분 그렇다고 시인합니다. 그러면서도 눈으로는 하나님이 아닌 사람을 좇지요.

이것이 타락입니다. 하나님 외의 것이 눈에 들어오기 시작하면 그때부터 타락입니다.

어느 시대나 타락의 이유는 하나다

사사시대의 사람들은 젖과 꿀이 흐르는 약속의 땅, 즉 하나님이 주신 땅에서 살았습니다. 그런데 놀랍게도 광야 시절보다도 더 하나님을 섬기지 않았습니다. 약속의 땅에 들어선 그들은 타락의 역사부터 써 내려갔습니다.

어쩌다가 이스라엘이 타락의 길로 들어서게 됐습니까? 타락의 이유는 하나입니다. 하나님의 말씀을 어겨서입니다. 이것은 성경 전체에 동일하게 흐르는 맥락입니다.

"네 하나님 여호와께서 그들을 네게 넘겨 네게 치게 하시리니 그 때에 너는 그들을 진멸할 것이라 그들과 어떤 언약도 하지 말 것이요 그들을 불

쌓히 여기지도 말 것이며 또 그들과 혼인하지도 말지니 네 딸을 그들의 아들에게 주지 말 것이요 그들의 딸도 네 며느리로 삼지 말 것은 그가 네 아들을 유혹하여 그가 여호와를 떠나고 다른 신들을 섬기게 하므로 여호와께서 너희에게 진노하사 갑자기 너희를 멸하실 것임이니라 오직 너희가 그들에게 행할 것은 이러하니 그들의 제단을 헐며 주상을 깨뜨리며 아세라 목상을 찍으며 조각한 우상들을 불사를 것이니라"(신명기 7:2-5).

"너희가 만일 그 땅의 원주민을 너희 앞에서 몰아내지 아니하면 너희가 남겨둔 자들이 너희의 눈에 가시와 너희의 옆구리에 찌르는 것이 되어 너희가 거주하는 땅에서 너희를 괴롭게 할 것이요 나는 그들에게 행하기로 생각한 것을 너희에게 행하리라"(민수기 33:55-56).

"그러므로 스스로 조심하여 너희의 하나님 여호와를 사랑하라 너희가 만일 돌아서서 너희 중에 남아 있는 이 민족들을 가까이 하여 더불어 혼인하며 서로 왕래하면 확실히 알라 너희의 하나님 여호와께서 이 민족들을 너희 목전에서 다시는 쫓아내지 아니하시리니 그들이 너희에게 올무가 되며 덫이 되며 너희의 옆구리에 채찍이 되며 너희의 눈에 가시가 되어서 너희가 마침내 너희의 하나님 여호와께서 너희에게 주신 이 아름다운 땅에서 멸하리라"(여호수아 23:11-13).

신명기, 민수기, 여호수아까지 수십 년 동안 하나님께서 이스라엘 백성에게 강조하신 말씀입니다.

"가나안에 들어가면 절대로 이방인과 통혼하거나 언약을 맺지 마라. 그들이 하는 것을 따라하지 마라. 그렇지 않으면 너희에게 가시가 되고, 올무가 되고, 덫이 될 것이다. 그러니 하나님과의 언약을 저버리지 마라."

그러나 이스라엘은 하나님의 말씀을 외면했습니다.

오늘날도 마찬가지입니다. 하나님의 말씀을 떠나니까 세상이 교회를 조롱합니다.

당신에게 묻겠습니다. 심장에 손을 얹고 답해 보십시오. 성경 일독을 한 적이 있습니까? 생명과 진리의 말씀을 꾸준히 읽고 있느냐 말입니다. 하루에 밥 세 끼는 챙겨 먹으면서 영적인 필요는 채우지 않습니까? 말씀을 읽지 않으면 버리는 것과 마찬가지라는 것을 아십니까?

사단에게
빌미를
주지 마라

우리가 아는 성경 상식 중에 잘못된 것이 얼마나 많은지 아십니까?

애니메이션 〈이집트왕자〉를 보면 요게벳이 아기 모세를 나일강에 띄워 보내는 장면이 나옵니다. 아기를 담은 바구니가 강물을 따라 떠내려가면서 하마의 입을 지나고 악어의 입을 지나서 바로의 공주 앞에 도착합니다.

그러나 출애굽기에 보면 모세의 갈대상자는 강에 띄워진 게 아니라 갈대 사이에 가만히 놓였습니다. 강물에 띄워 보낸 적이 없습니다. 그 외에도 영화에서 보거나 이야기로 들은 장면을 진짜인 양 믿고 있는 것이 얼마나 많은지 모릅니다.

성경을 직접 읽고 스스로 확인하며 말씀을 따라가는 싸움을 해 봤습니까? 그냥 주워들은 이야기만 가지고 하나님에 대해서 안다고 착각하고 있지는 않습니까? 그러고서는 "대체 하나님은 어디에 계시는가" 하고 탄식한다니 말이 안 되지 않습니까.

당신 안에 하나님의 말씀이 없으면 하나님이 역사하시려고 해도 틈이 없습니다. 평소에 성경 공부를 얼마나 안 하면 이단에 빠집니까? 이단 모임에 가서 새로운 것을 배웠다고 좋아합니다. 맞습니다. 새롭게 느껴질 것입니다. 원체 아는 게 없으니 그렇습니다.

기가 막히지만 이것이 우리가 처한 현실입니다.

사단에게 빌미를 주지 마십시오. 말씀 공부를 안 하면 이단이 기승을 부립니다. 구원에 대해 얘기를 안 하면 구원파가 나타나고, 종말을 기다리지 않으면 종말론자들이 판을 칩니다. 이단들이 나서서 기독교의 핵심을 각색해서 제멋대로 외쳐 댑니다.

이런 일들이 왜 벌어집니까? 우리가 주의 말씀을 사모하지 않고, 말씀 안에 거하는 싸움을 하지 않기 때문입니다!

이것이 타락입니다. 주의 말씀을 생명보다 사랑하지 않으면 이게 타락입니다. 아무리 찬양을 잘하고, 아무리 봉사를 많이 한다고 해도 주의 말씀을 모르고 사랑하지도 않는다면, 그게 타락입니다.

궁지에 몰릴 때마다
보감이 되는
사람들

말씀을 모르는 시대는 하나님도 사람도 가슴 아픈 시대입니다. 그러나 희
망을 가지십시오. 하나님은 말씀을 모르는 시대를 그냥 내버려두신 적이 없
으십니다.

"여호와의 사자가 이스라엘 모든 자손에게 이 말씀을 이르매 백성이 소리
를 높여 운지라 그러므로 그 곳을 이름하여 보감이라 하고 그들이 거기서
여호와께 제사를 드렸더라"(사사기 2:4-5).

보감Pochim이란 '소리 높여 우는 사람들, 즉 통곡하는 사람들'이란 뜻입니
다. 통곡하는 사람들이 여호와께 제사를 드렸습니다. "너희가 여호와의 말씀
을 버렸다"고 했더니 가슴을 치며 운 것입니다. 얼마나 울었으면 그곳 이름
이 보감이 되었겠습니까. 말씀을 떠나 살았던 삶을 후회하며 펑펑 울었습니
다.

그리고 그 다음에 어떤 일이 벌어졌을까요? 그 정도로 크게 울었으면 모두
회개했을 것 같은데 그렇지 않았습니다. 여호수아가 110세에 죽자 그 세대의
사람들도 다 죽었고 그 후에 일어난 다른 세대는 여호와를 알지도 못하고 여
호와가 이스라엘을 위해 행하신 일도 알지 못했습니다(삿 2:8-10). 그저 한바탕

크게 울고 끝난 것입니다.

여기서 '다른 세대'란 단순히 이후에 태어난 세대를 가리키는 것이 아닙니다. 본질적으로 기성세대와 전혀 다른 세대를 말합니다. 쉽게 말해서 마인드가 다른 세대입니다. 하나님 앞에서의 태도와 자세가 다르다는 것입니다. 여호수아와 갈렙 시대의 사람들은 두렵고 떨리는 마음으로 하나님의 말씀을 대했지만 다른 세대, 즉 사사시대의 사람들은 하나님의 영광을 모르고 각자 소견대로 자기 자신을 좇았습니다.

그럼에도 불구하고 하나님은 궁지에 몰린 이스라엘이 하나님께 부르짖으면 그때마다 사사를 보내 주셨습니다. 어려움이 생길 때마다 보김이 된 것입니다.

우리 모습과 비슷하지 않습니까? 세상에서 잘 살다가 어려운 일이 생기면 교회에 가서 예배드리고 하나님께 기도하며 매달립니다. 그렇지만 속사람은 여전히 자기 뜻대로 자기 영광과 안락을 추구합니다.

은사를 좇지 말고 말씀을 좇아라

어느 은사주의자가 제게 물었습니다.

"목사님, 말씀 사역자들은 왜 성령 사역자들을 홀대할까요? 성령 사역도 필요하지 않습니까?"

"필요하죠."

"그런데 왜 그렇게 홀대합니까?"

"당신의 말 때문입니다."

"예?"

무슨 말인지 아십니까? 말씀 사역도 성령 사역입니다. 성령의 역사 없이 이루어지는 사역은 없습니다. 은사 사역과 말씀 사역은 구분할 수 있지만 성령 사역과 말씀 사역은 구분할 수 없습니다. 성령의 역사를 모르니 이렇게 말하는 것입니다. 성령의 도움 없이 할 수 있는 것은 아무것도 없습니다. 따라서 성령 사역이 여러 사역 중의 하나가 될 수는 없습니다.

성령 사역은 말씀 사역을 중심으로 이루어집니다. 예수님의 말씀을 생각나게 하고 예수님을 사랑하게 하는 것이 보혜사 성령의 사역입니다(요 14:26).

"그러나 진리의 성령이 오시면 그가 너희를 모든 진리 가운데로 인도하시리니 그가 스스로 말하지 않고 오직 들은 것을 말하며 장래 일을 너희에게 알리시리라 그가 내 영광을 나타내리니 내 것을 가지고 너희에게 알리시겠음이라"(요한복음 16:13-14).

성령은 자의로 말씀하지 않습니다. 오직 들은 것을 말하며 예수님의 것을 가지고 알린다고 했습니다. 성령은 말씀을 생각나게 하고 가르치는 분이십니다. 하나님의 영광을 드러내기 위해 때로는 은사를 부어주기도 하지만 말씀으로 역사하십니다.

바리새인과 유대인은 자기들이 구약을 잘 안다고 자부했습니다. 그러나 예수님에 대해서는 아는 바가 없었습니다. 예수님은 스스로 행하거나 말씀하지 않으셨습니다. 기록된 말씀을 인용했고 하나님의 뜻대로 온전히 순종하셨습니다.

그런데 예수님은 종의 몸으로 오셨기 때문에 제한된 하나님이셨습니다. 구원을 성취하기 위해 스스로 능력을 제한하신 겁니다. 꾸짖어 잠잠케 한 바다는 태평양이 아니라 갈릴리바다였고, 멀리 중국에 있는 병자를 고치신 게 아니라 가까이 있는 병자들을 고쳐 주셨습니다. 눈앞에서 굶주린 오천 명을 오병이어로 먹이셨지 멀리 한반도에까지 음식을 보내시진 않았습니다.

은사는 왜 주시는지 압니까? 땅 끝까지 복음을 전하는 데에 필요하기 때문에 주십니다. 은사는 복음 전파를 위해 '사용'하는 것이지 애초부터 드러내는 데에 그 목적이 있는 게 아니란 말입니다. 이 시대는 은사를 자랑하는 사람들보다는 하나님의 말씀을 생명같이 사랑하는 사람들을 필요로 합니다.

옛날 사람들이 기도하기 위해서 30리를 걷고 말씀을 배우기 위해 산을 몇 개씩이나 넘었다는 이야기를 들으면 마치 전설의 고향을 듣는 것 같습니다. 그러나 생각해 보십시오. 하나님의 말씀을 얼마나 사모했으면 그렇게까지 수고를 했겠습니까.

당신은 기도하기 위해서, 하나님의 말씀을 배우기 위해서 어떤 수고를 하고 있습니까?

말씀은
읽는 게 아니라
먹는 거다

저는 청년 때 하루에 담배를 2갑씩 피우던 골초였습니다. 그래서 눈을 감은 채 냄새만 맡고도 담배 이름을 척척 알아맞힐 수 있었습니다. 그런 제가 담배를 쉽게 끊었겠습니까? 석 달 끊었다가 또 피우고, 일 년 반 끊었다가 다시 피우곤 했습니다. 게다가 끊었다가 다시 피우면 그때마다 피우는 양이 더 늘어났습니다.

어느 날 주님이 "남국아. 너는 나를 사랑하느냐?" 하고 물으셨습니다. 그래서 "물론 사랑하지요. 주님" 하고 대답했더니 "그러면 내가 네게 준 생명의 말씀은 읽었느냐?" 하고 물으셨습니다.

그래서 그때부터 성경을 정독하기 시작했습니다. 그전에는 대충 읽고, 빨리 읽고, 넘겨 읽으면서 성경을 훑어보기만 했었습니다. 팔만대장경도 아닌데 제대로 읽은 적이 없었습니다. 하나님 나라에 가서 변명거리라도 있어야겠다는 생각에 일독을 시작했습니다.

창세기는 오십 번 읽었지만 레위기만 한 번밖에 못 읽었습니다. 레위기는 정말 읽기가 고역이었습니다. 그래도 최소한의 성의는 보여 드려야 할 것 같아서 담배를 피우다가 끊다가 하면서 레위기를 읽었습니다. 모르는 말이 나오면 날아갈 듯이 읽다가 마음에 찔리면 다시 천천히 읽고, 천천히 읽다가 속에서 불이 나면 담배를 피웠습니다. 그러면서 하루에 한 장씩 읽어 갔습니다.

그만큼 담배꽁초도 수북이 쌓였습니다.

어느 날 시편을 읽는데 눈물이 터졌습니다.

"주의 말씀의 맛이 내게 어찌 그리 단지요 내 입에 꿀보다 더 다니이다"

(시편 119:103).

그러고 나서 며칠 후에 문득 담배를 피우지 않는 저를 발견했습니다. 은혜 가운데 깊이 들어가자 담배가 절로 끊겼습니다. 제게는 놀라운 사건이었습니다.

술, 담배를 못 끊겠다고 하소연하는 청년들을 만나면 저는 그냥 마시고, 피우라고 말해 줍니다. 단 조건이 있습니다. 담배 한 개비 피우고, 술 한 잔 마시는 대신에 성경을 10장씩 읽는 것입니다.

한번 해 보십시오. 말씀이 센지 담배가 센지, 말씀이 센지 술이 센지 한번 겨뤄 보란 말입니다. '참이슬'과 '새벽이슬'이 맞붙고, '백세주'와 '구세주'가 맞붙어 보자는 겁니다. 말씀의 은혜를 경험하면 삶이 바뀝니다.

하나님의 말씀이 지식이라고 생각합니까? 말씀을 '읽는다'고 생각합니까? 아닙니다. 말씀은 생명입니다. 말씀은 먹는 것입니다.

통곡하다가
그냥
돌아서지 마라

눈이 휘둥그레지는 기적을 보았습니까? 그럼, 그 중심에 놓인 것이 무엇인지도 보았습니까? 불경이 있다면 불교요, 코란이 있다면 이슬람이겠지요. 성경 즉 하나님의 말씀이 있어야 기독교입니다. 하나님의 말씀에 근거한 영광이 나타나야 그 영광에 의미가 있습니다.

다음 세대를 책임질 청년들에게 화가 날 때가 있습니다. 논리력과 비판력이 뛰어납니다. 기성세대가 어떻고, 교회가 어떻고, 말씀이 어떻고, 분위기가 어떻다고 말합니다. 그러나 묻겠습니다. 하나님에 대해서는 얼마나 아십니까? 하나님의 말씀에 무지한 걸 보면 화가 납니다.

당신은 어떻습니까? 하나님의 말씀을 읽다가 울어 본 적 있습니까? 주님의 마음을 배우기 위해 기도하며 싸워 봤습니까? 당신이 판단하는 그 사람, 비판하는 그 대상을 위해 기도해 본 적 있습니까?

저의 20대는 모든 것이 어렵고 곤고한 시절이었습니다. 그야말로 눈물의 바다였습니다. 냉골에서 잠자기 일쑤고 굶기를 밥 먹듯 했습니다.

자신 있는 사람은 저와 '고생 배틀'을 해도 좋습니다. 어찌나 고생을 많이 했는지 그때부터 머리카락이 빠졌습니다. 그러니 머리숱이 많은 사람은 아웃out입니다. 저는 10년 동안 이사를 서른 번 정도 했습니다. 이사를 일 년에 평균 세 번 이상 안 해 본 사람도 아웃입니다. 일 년 내내 저처럼 점심 때 물로

배 채운 사람 있으면 더 겨뤄 볼 만하니 남으십시오.

그 시절에 저는 하나님의 말씀을 읽고 배우는 법을 익혔습니다. 대학에 못 갈 바에야 주의 말씀이라도 알자 하는 심정으로 말씀을 배웠습니다. 그래서 20대 때 배운 것은 말씀밖에 없습니다. 세상에서 버림받은 설움을 주님 말씀 붙잡고 풀었습니다. 그렇게 20대를 보낸 후에야 지금의 제가 되었습니다.

하나님을 모르는 '다른 세대'가 되지 마십시오. 주의 말씀을 모르는 세대가 되지 마십시오. 하나님을 몰라서, 말씀을 몰라서 타락하는 시대를 많이 봐 왔지 않습니까. 지금 우리도 말씀이 무너진 시대를 살고 있지 않습니까.

당신이 보김처럼 통곡하다가 그냥 돌아갈까 봐 두렵습니다. 매일 울기만 하는 신앙, 후회하는 신앙이 될까 봐 두렵습니다. 그 깊은 슬픔 때문에 두렵습니다.

180도 방향을 돌이키십시오. 돌이켜 회개하십시오. 이렇게 살면 안 되겠다고 눈물 흘리다가도 다시 그 길을 간다면 그것은 후회일 뿐 회개가 아닙니다.

다른 사람들이 어떻게 사는가는 중요하지 않습니다. 당신이 어떻게 사느냐가 중요합니다. 당신이 하나님께 어떻게 반응하는가가 중요합니다.

공부하기 싫어하는 아들에게 그렇게 하기 싫으면 하지 말라고 말했습니다. 그러나 말씀만큼은 싫어도 읽으라고 했습니다. 그냥 읽으면 된다고 달랬습니다. 무엇을 하든 하나님 앞에서 하는 법을 배워야 하기 때문입니다. 하나님이 쓰실 수 있도록 하나님의 말씀에 반응할 줄 알아야 하기 때문입니다. 저는 제 아들이 그렇게 자랐으면 좋겠습니다.

울면서
돌아오라

지금은 부흥의 시대가 아닙니다. 지금은 거룩의 시대입니다. 지금은 성장의 시대가 아닙니다. 지금은 근신의 시대입니다. 주의 말씀을 붙잡고 근신하면 당신 안에 하나님 나라가 임합니다. 이 땅에 하나님 나라가 세워지고 마지막 시대에 쓰임 받는 나라가 될 것입니다.

제가 왜 지랄하는 줄 아십니까? 사랑하니까 그렇습니다. 방법이 없습니다. 소돔과 고모라는 의인 열 명이 없어서 멸망했습니다. 이 글을 읽는 당신이 깨어나길 열망합니다. 울기만 하고 다시 돌아가는 일이 없기를 바랍니다. 무너진 세대를 보며 수치를 당하지 않기를 바랍니다. 저와 당신의 시대가 통곡의 시대가 아니라 영광의 시대가 되기를 바라기 때문에 욕을 하고 목에 핏대를 세우는 것입니다.

주의 말씀을 사랑하십시오. 무엇을 하든 열심히 하십시오. 정직하십시오. 바른 자세로 하십시오. 울면서 기도하는 데에 그치지 말고 돌이켜 회개하십시오. 말씀을 읽고 스스로를 쳐서 복종시키십시오. 자신의 생명보다 주의 말씀을 더 사랑하십시오.

그렇게 하면 이 세대는 하나님의 나라를 세우는 세대, 주의 말씀이 흥한 세대가 될 것입니다.

"하나님! 나의 비전은 무엇입니까? 내가 무엇을 하면 좋겠습니까? 환경을 바꿔 주십시오. 능력을 부어 주십시오."

이런 기도하지 마십시오. 대신 이렇게 기도하십시오.

"하나님, 주님의 말씀을 더욱 사랑하겠습니다. 생명보다 귀하게 여기겠습니다. 말씀으로 인도하시고 말씀으로 가르쳐 주십시오."

말씀을 붙잡는 사람이 주님이 붙잡을 수밖에 없는 사람, 쓸 수밖에 없는 사람입니다. 울기만 하고 돌아서는 바보가 되지 마십시오. 울면서 돌아오십시오. 그러면 웃으면서 주와 동행하는 기쁨을 배우게 될 것입니다.

사단아,
능력을 원하느냐?
답은 순종이다

●

예수께서 성령의 충만함을 입어 요단 강에서 돌아오사
광야에서 사십 일 동안 성령에게 이끌리시며 마귀에게 시험을 받으시더라
이 모든 날에 아무 것도 잡수시지 아니하시니 날 수가 다하매 주리신지라
마귀가 이르되 네가 만일 하나님의 아들이어든
이 돌들에게 명하여 떡이 되게 하라 예수께서 대답하시되
기록된 바 사람이 떡으로만 살 것이 아니라 하였느니라
누가복음 4:1-4

무엇을
보고
기뻐하는가

우리 교회는 신년 첫 주일 예배 때마다 말씀카드를 뽑습니다. 카드를 뽑은 후의 반응을 보면 가지각색입니다. 누구는 얼굴이 사색이 되고 또 누구는 얼굴에 화색이 돕니다.

말씀카드를 손에 들고 부르르 떨며 곧 쓰러질 것 같이 휘청거리는 형제에게 다가가 카드를 뺏어 읽어 봤습니다.

"그러나 내가 가는 길을 그가 아시나니 그가 나를 단련하신 후에는 내가

순금 같이 되어 나오리라"(욥기 23:10).

부르르 떨 만한가요? 순금 같이 되어 나오려면 먼저 불구덩이부터 들어가야 합니다. 그러니 순금이 된다는 기쁨보다는 뜨거운 불 시험을 당할 생각에 고통이 먼저 찾아옵니다.

그런데 옆의 자매는 해맑게 웃고 있습니다. "내게 능력 주시는 자 안에서 내가 모든 것을 할 수 있느니라"(빌 4:13)라는 말씀을 뽑았기 때문입니다. 로또라도 맞은 듯이 기뻐합니다.

어떻습니까? 당신의 모습인가요? 툭 까놓고 말해서 왜 좋아합니까? '능력'과 '모든 것' 때문 아닙니까? 그런데 생각해 보십시오. 능력 주시는 자 안에서

모든 것을 할 수 있는 사람에게는 아무런 단련이 없을까요? 불 시험은 간단히 생략입니까?

이방인과 그리스도인의 차이점이 무엇이라고 생각합니까? 예수를 모르는 이방인들의 인생 목적은 "무엇을 먹을까, 무엇을 마실까, 무엇을 입을까"입니다. 값비싼 것을 먹고 마시고 입는 것이 그들의 자랑입니다.

예수 믿는 사람은 뭐가 다른지 아십니까? '먼저'가 있다는 것입니다. "무엇을 먹을까, 마실까, 입을까" 앞에 먼저가 있습니다. 그 먼저를 아는 것과 모르는 것에는 하늘과 땅 만큼의 차이가 있습니다. 예수를 믿어도 '먼저'가 뭔지 몰라서 내가 먹을 것, 내가 마실 것, 내가 입을 것을 먼저 챙기는 사람도 있습니다만, 믿는 자라면 먼저 구해야 할 것이 무엇인지는 정도는 알아야 하지 않겠습니까? 먼저 하나님의 나라와 하나님의 의를 구하십시오. 이것이 이방인과 그리스도인을 구별 지을 것입니다.

환난과 시험이 없다면 슬퍼하라

광야 시대의 이스라엘을 보십시오. 모세를 통해 시내산에서 하나님의 계명과 말씀을 받았습니다. 이스라엘 백성만큼 기적과 이적과 능력을 맛본 백성이 없습니다. 하나님이 그들을 어디로 보내십니까? 약속의 땅, 가나안 땅입니다. 그들은 '먼저' 무엇에 충성해야 합니까? 가나안 땅으로 들어가는 일입니다.

가나안을 코앞에 두고 가데스바네아에서 열두 명의 정탐꾼을 보냈습니다. 그중에 무엇을 먹을까, 마실까, 입을까에 집중했던 열 명은 신장이 장대한 아낙 자손들을 보고 스스로를 메뚜기로 봤습니다(민 13:32-33). 때문에 '먼저' 해야 할 것을 놓쳐 버렸습니다.

이스라엘은 하나님과 함께함이 어떤 것인지 스스로 증명해야 했습니다. 가나안으로 진군해 들어가 받은 사명을 완수하는 모습을 보여야 했습니다. 그 결과 약속의 땅에 들어가지 못하고 광야에서 죽어야 했던 것입니다.

갈렙과 여호수아만은 여호와를 거역하지는 말고 그 땅 백성을 두려워하지 말자고 했습니다. 왜냐면 여호와가 함께 하시는 것을 믿었기 때문입니다(민 14:9).

그런데 이것은 그들만의 고백일까요? 저와 당신에게는 하나님이 함께하시지 않습니까? 하나님은 어느 시대나 동일하십니다. 하나님이 함께하시면 '그들은 우리의 밥'이 됩니다.

주님이 당신을 통해 무엇을 증명하고 싶어 하시는지, 무엇을 드러내고 싶어 하시는지 생각하십시오. 그리고 사명을 품으십시오. 하나님의 함께하심을 증명하겠다는 사명, 하나님의 영광을 드러내겠다는 사명을 가집시오. 목적이 없으면 끌려다니게 되어 있습니다. 하나님 앞에서 분명한 목적을 가지십시오.

목적이 무엇인지 모르겠다고요? 기도하십시오. "하나님, 나는 무엇을 위해 살아야 할까요? 내가 무엇으로 하나님을 영화롭게 해 드릴 수 있겠습니까?"

하고 물으십시오.

저는 고2 때 주님을 영접했습니다. 너무나 기쁘고 감사했습니다. 그러면서도 한편으로 불교 집안에서 자란 나를 왜 구원하셨을까 하는 고민에 빠졌습니다.

"주님은 실수가 없고 신실하시다고 하는데 나를 부르신 목적이 무엇일까? 왜 하필 고2 때 만나 주셨을까."

살아야 할 이유를 찾고 싶었습니다. 앞으로 이 땅에서 겪게 될 어려움을 버틸 이유를 찾고 싶었던 것입니다.

주님을 영접한 후에도 변하지 않는 게 있다는 걸 알았습니다. 환난과 시험이 끊이지 않았습니다. 주님을 영접했으면 환난과 시험도 달라져야 하지 않겠습니까? 그런데 변하지 않더라는 것입니다.

한참 후에 깨달았습니다. 환난과 시험이 없는 게 오히려 이상한 것이라는 걸 깨달았습니다. 만약 당신에게 환난과 시험이 없다면 회개하십시오. 어떻게 살았기에 환난과 시험이 없습니까? 마귀가 보고 "얘는 시험할 것도 없어"라고 했다면 그게 자랑일까요? "내 인생은 시험도 없고 너무나 평안하다" 하고 자랑하지 마십시오.

믿는 자의 자랑은 시험이 없는 것이 아니라 시험과 고난을 이기는 승리입니다.

하나님이
당신을 위해
산을 뚫고 길을 내셨다

사단도 쓸모 있는 데가 있습니다. 귀신도 유익할 때가 있습니다. 나의 어떤 부분이 약하고 부족한지를 '귀신같이' 알아내기 때문입니다. 족집게입니다. 딱 보면 척 압니다.

"얘는 어디를 찌르면 된다! 저 가정은 어디를 찌르면 게임 끝이다!"

귀신같이 알고 겨냥해서 찌르니까 찔리면 아플 수밖에요. 그러나 덕분에 나의 약점이 어딘지 깨닫게 해 줍니다.

그러니 사단이 찌를 때 속수무책으로 당하지만 말고 역이용하십시오. "아, 여기서 내가 주님을 놓쳤구나!" "이 지점에서 내가 무너지는구나!" 깨달으면 됩니다. 깨달은 후에는 기도와 말씀으로 정비하면 됩니다. 왜냐면 사단은 찌른 데를 또 찌르니까 말입니다. 한번 찔러서 통하면 계속 찌릅니다.

시험을 당하면서 배운 것이 있습니다. 환난 가운데 믿음이 드러난다는 것을 배웠습니다. 제가 어디에 취약한지 알게 되었습니다. 그리고 진정으로 붙잡아야 할 분이 누구인지 분명히 깨달았습니다. 환난과 시험을 통해 순금이 되는 과정을 배웠습니다.

어둠이 짙으면 별빛이 더 밝게 보이듯이 환난 속에 깊이 들어가니까 주의 말씀만이 소망이라는 것이 명확해졌습니다.

제가 겪어 보니 환난과 시험이 문제가 아닙니다. 당신이 무엇을, 누구를 붙잡고 있는가가 문제입니다. 사단의 공격에 무너진다면 그동안 잡았던 것이 헛것이라는 증거입니다. 붙잡으면 될 줄 알았는데 안 되는 것입니다. 환난과 시험이 다가오면 피하지 말고 받으십시오. 하나님이 단련을 통해 순금을 내십니다. 환난은 당신을 순금으로 만드는 은혜입니다.

운전하다가 터널을 지날 때가 있습니다. 아주 긴 터널을 지날 때 "도대체 끝이 어디야? 어디까지 가는 거냐고" 하며 투덜대곤 합니다. 그러나 우리는 압니다. 그 긴 터널도 끝이 있다는 것을 압니다. 산이 크고 높을수록 터널도 긴 법입니다. 터널이 없다면 그 높은 산을 직접 넘어야겠지요. 아마 몇 배의 시간과 몇 배의 수고가 들 것입니다. 험한 산을 오르다가 떨어져 죽을 수도 있습니다. 터널을 지날 때는 답답합니다. 하지만 높은 산을 오르는 게 낫습니까? 지름길로 가는 게 낫습니까?

환난과 시험은 고통스럽고 지루합니다. 그러나 하나님의 사람이 되는, 순금이 되어 나오는 지름길입니다. 그러니 순순히 들어가십시오. 잘못 피하다가 더 높고 거친 산을 오르지 말고 어두컴컴하고 끝이 안 보이는 길이라도 감사함으로 들어가십시오. 하나님이 당신을 위해 산을 뚫고 내신 터널입니다.

사단의
꼼수에
넘어가지 마라

당신이 묵상할 것은 환난과 시험이 아닙니다. 환난과 시험에 어떻게 반응할 것인가입니다.

예수님이 받으신 시험을 생각해 보십시오. 첫 번째 시험은 무엇이었습니까?

"네가 만약 하나님의 아들이라면 돌들로 빵이 되라고 해 보라."

하나님의 아들임을 증명하라는 것입니다. 힘과 능력을 사용해서 굶주림을 해결하는 걸 보면 인정하겠다는 것입니다. 대체 누가 누구를 인정한다는 겁니까?

예수님은 일언지하에 거절하셨습니다. 사단은 능력으로 증명하라고 유혹했지만 예수님은 순종으로 증명하셨습니다. 기록된 하나님 아버지의 말씀을 인용하며 순종하는 것으로 하나님의 아들임을 증명하신 것입니다.

마귀는 시시때때로 당신에게 찾아와 시험합니다. "네가 그리스도인이라고, 진짜? 하나님의 자녀로 택함 받았다는 증거를 내 봐!" 당신의 힘으로, 당신의 능력으로 증명하려고 애쓰지 마십시오. 사단의 꼼수에 넘어가지 마십시오. 정답은 능력이 아니라 순종입니다.

두 번째 시험은 "천하만국의 모든 권위와 영광을 주겠으니 내게 절하라"입니다. 마귀는 예수님과 함께 높은 곳으로 순간 이동하는 능력을 자랑하듯 보여 주었습니다. 예수님에게 능력을 보이라고 했다가 실패하더니 자기가 직접 능력을 보인 것입니다.

사단은 거짓말쟁이입니다. 천하만국을 자기가 넘겨받았다고 주장합니다. 천하만국의 주인은 누구입니까? 하나님이십니다. 하나님만이 유일한 주인이십니다. 그런데 마치 자기가 주인인 듯 행세합니다. 착각하게 만들려는 속셈입니다.

왜 그런 거짓말을 합니까? 쉽게 가자고 유혹하는 겁니다. 고생할 것 없이 쉽게 가자는 것입니다. 어떻게요? 절 한 번만 하면 됩니다. 아주 쉽습니다.

하지만 이번에도 예수님은 "주 너의 하나님께 경배하고 다만 그를 섬기라"는 말씀으로 사단의 유혹을 물리치셨습니다. 사단은 천하만국을 다 주겠다고 했습니다. 여느 사람이라면 혹할 만한 유혹입니다. 그러나 예수님은 하나님의 피조물인 사람에게 중요한 것은 천하만국을 갖는 것이 아니라 "하나님을 섬기고, 하나님을 예배하고, 하나님을 좇는 것"이라고 대답하셨습니다.

그리스도인이 언제 타락하는지 아십니까? 쉽게 가고자 할 때 타락합니다. 인생, 너무 쉽게 가지 마십시오. 사단의 덫이 숨어 있습니다.

세 번째 시험으로 접어들자 마귀는 자기도 성경 말씀을 인용해서 "만일 하나님의 아들이거든 성전 꼭대기에서 뛰어내리라. 하나님이 너를 지켜 주시는지 한번 보자"며 교묘하게 유혹했습니다.

> "네가 말하기를 여호와는 나의 피난처시라 하고 지존자를 너의 거처로 삼
> 았으므로 화가 네게 미치지 못하며 재앙이 네 장막에 가까이 오지 못하리
> 니 그가 너를 위하여 그의 천사들을 명령하사 네 모든 길에서 너를 지키
> 게 하심이라 그들이 그들의 손으로 너를 붙들어 발이 돌에 부딪히지 아니
> 하게 하리로다"(시편 91:9-12).

사단이 시편 말씀을 인용한 것입니다. 보셨지요? 사단도 성경을 인용할 줄 압니다. 지금도 사단은 성경에 빗대어 교묘하게 유혹하곤 합니다.

"네가 말씀을 붙잡겠다고 했느냐? 그렇다면 한번 해 봐. 하나님이 어떻게 하시는지 지켜보자고."

말씀을 증명하라면서 하나님을 시험하도록 부추깁니다.

그러나 잘 생각해 보십시오. 진짜 믿는다면 시험할 필요가 있습니까?

제 헤어스타일이 어렸을 때부터 이렇게 시원했던 것은 아닙니다. 결혼하기 전부터 빠지기 시작했는데 스트레스가 얼마나 컸는지 모릅니다. 그래도 나름 귀여운 인상이라고들 합니다.

저와 함께 다니면 쌍라이트 켜졌다고 사람들이 놀리는 방아무개 목사님은 저처럼 귀여운 인상이 아닙니다. 얼핏 보면 어둠의 세계에 있는 사람 같습니다. 그런데 머리까지 빠지기 시작하니 얼마나 애가 탔겠습니까? 참담한 심정으로 기도하는데 이런 마음이 들더랍니다.

"그렇지. 내가 우리 아버지 아들이지. 아들이 아버지를 닮는 게 맞지. 뭘 고민하나."

그렇게 해서 방 목사는 애달픈 자기 연민을 툴툴 털어낼 수 있었답니다.

그런데 그의 이야기를 듣는 순간부터 제 고민은 시작되었습니다.

"아들이 아버지를 닮아야지."

맞는 말입니다. 고개를 끄덕이며 제 아버지를 떠올렸습니다. 머리숱이 많으십니다. 형도 많습니다. 동생들도 많습니다. 저만 시원합니다. 이상하죠?

키를 비교해 볼까요? 형도, 동생들도 모두 170센티는 넘습니다. 저만 키가 작고 저만 머리가 빠졌습니다. 형제들이 나란히 서면 저만 움푹 파인 골짜기입니다. 아버지, 형, 동생 모두 천재입니다. 저는 보통사람입니다. 전교 꼴찌도 해 본 보통사람입니다.

그렇습니다. 저는 아버지를 닮지 않았습니다. 머리도 안 닮고, 머리숱도 안 닮았습니다.

순간, "그럼, 난 뭐지?" 하는 생각이 들었습니다. "만일 네가 아들이라면……" 대목에서 의심이 쑥 들어오는 것과 같습니다.

그런데 안심하십시오. 할아버지를 봤더니 머리카락이 없으십니다. 원래 머리숱은 대를 걸러서 닮는다고 하니 제가 아버지의 아들인 것은 확실합니다.

자칫하면 사단이 "너만 다르잖아. 네가 아들인 거 맞아?" 하고 묻는다고 집에 가서 "아버지, 제가 아버지 아들이 맞나요?" 하고 묻는 일이 벌어질 수도 있습니다. 블랙코미디의 한 장면이 되겠지요.

제가 아버지의 아들인 게 확실히 맞는데 뭘 묻습니까? 뭘 시험합니까? 하나님의 진짜 아들인 예수님이 왜 아버지 하나님을 시험하셔야 합니까?

하나님을 시험하는 것은 하나님께 도전하는 것이다

예수님은 "주 너의 하나님을 시험하지 말라"는 철칙을 지키셨습니다. 하나님의 아들임을 증명하는 데에 힘과 능력을 쓰지 않겠다고 선언하셨습니다. 하나님을 시험하는 것은 하나님께 도전하는 것과 같기 때문입니다.

사단은 말합니다.

"너의 능력, 너의 자존감, 너의 힘으로 하나님이 진짜 그렇게 하시는지 시험해 보라."

속지 마십시오. 이것은 하나님을 공격하라는 말입니다. 하나님과 관계를 끊는 길로 교묘하게 인도하는 것입니다.

예수님은 말씀하십니다.

"나, 하나님의 아들은 그 힘과 지혜와 능력을 하나님을 시험하는데 쓰지 않는다. 오직 하나님만 섬기고, 하나님만 좇고, 하나님만 붙잡는 데 쓸 뿐이다."

저는 "너 하나님의 사람아"(딤전 6:11)라는 표현을 아주 좋아합니다. 예수님을 영접했지만 앞으로 인생을 어떻게 살아야 할까 고민하고 있을 때 이 말씀을 읽고 소망을 품었기 때문입니다. 나중에 천국에 갔을 때, 주님이 "김남국, 너 하나님의 사람아!" 하고 불러 주신다면 얼마나 기쁘겠습니까? 그때부터 '하나님의 사람'이 되는 것이 꿈이 되었습니다.

그래서 아무리 퍼질러 놓고 싶고, 잠시 어둠 속에 들어가고 싶고, 성질대로 막 나가고 싶어도 하나님의 사람이 되고 싶기에 스스로 절제합니다.

하나님의 사람은 일생 동안 증명해야 할 것이 있습니다. 직업이 무엇이든 어떤 삶을 살든 상관없습니다. 돈이 많아도 적어도 상관없습니다. 하나님만 섬기고, 하나님만 사랑하고, 하나님만 높이는가를 증명해야 합니다. 하나님이 주신 힘과 능력을 자신의 안락함이나 돈과 명예 따위를 좇는 데 사용한다면 그는 하나님의 사람이 아닙니다. 불충한 종입니다.

자기 힘과 자기 능력을 과시하는 사람은 주의하십시오. 사단이 능력을 행하고 실력을 보이라고 유혹하는 데에 넘어가기 쉽기 때문입니다. 힘과 능력은 사단의 관심사입니다.

그러나 예수님은 오로지 하나님께 순종하고, 하나님만 섬기고, 하나님만 사랑하는 데에 관심이 있으십니다.

당신의 인생을 통해서 다른 것을 증명하려고 하지 마십시오. 살아계신 하나님께 순종하는 것만 증명하십시오. 하나님 앞에서만 떨고, 하나님만 섬기며, 하나님 한 분만을 사랑하고, 하나님 한 분만을 기뻐하며, 하나님 한 분만을 드러내는 삶을 살 수 있도록 기도하십시오. 하나님을 수단으로 해서 자기 뜻을 이루는 자가 되지 않도록 자기 자신을 지키십시오.

하나님이 허락하지 않으셨는데 이루어지는 것은 저주입니다. 쉽게 가는 인생, 그게 끔찍한 인생입니다. 사단은 쉽게 가자고, 편하게 살자고 유혹합니다. 쉽고 편한 길을 가지 마십시오. 쉽고 넓어 보여도 그것은 사망의 길입니다.

환난과 시험을 만나도 쫄지 마십시오. 마귀가 좋아합니다. 당신이 부르르 떠는 순간 사단이 '옳다구나' 손뼉을 칩니다.

환난도 어려움도 하나님 안에서는 다 은혜입니다. 하나님이 당신을 순금같이 만드시는 중입니다. 아프면 아프다고 솔직하게 고백하십시오. 그리고 하나님을 바라보고 곧장 나아가십시오.

　어두운 터널을 지나는 동안 당신은 빛을 얻게 될 것입니다. 빛의 자녀로서 살아가는 은혜를 덧입게 될 것입니다.

다윗,
사무엘,
모세
그리고 당신

●

또한 너희가 이 시기를 알거니와 자다가 깰 때가 벌써 되었으니
이는 이제 우리의 구원이 처음 믿을 때보다 가까웠음이라
밤이 깊고 낮이 가까웠으니 그러므로
우리가 어둠의 일을 벗고 빛의 갑옷을 입자
낮에와 같이 단정히 행하고 방탕하거나 술 취하지 말며
음란하거나 호색하지 말며 다투거나 시기하지 말고
오직 주 예수 그리스도로 옷 입고 정욕을 위하여 육신의 일을 도모하지 말라
로마서 13:11-14

카이로스가 가진 기회와
위험을
아는가

창세기 1장 1절, "태초에 하나님이 천지를 창조하시니라"라고 기록되어 있습니다. 첫째 날 빛을 만드시기 전에 이미 '태초'라는 시간이 있었습니다. 그리고 '천지'라는 공간을 만드셨습니다. 모든 피조물은 하나님이 만드신 시간과 공간 안에서 살아가게 된다는 뜻입니다. 오직 창조주 하나님만이 시간과 공간을 초월하십니다.

우리가 21세기 한국에 살고 있는 것은 누구의 뜻입니까? 하나님의 뜻입니다. 모든 스치는 순간과 만남은 하나님의 섭리 없이는 이루어지지 않습니다. 우리가 이 시대, 이곳에서 만났다는 것은 우리의 사명과 비전 또한 이 시간과 공간 안에 있다는 뜻입니다.

시대를 알아야 사명을 알 수 있습니다. 시대에 어떻게 믿음으로 반응해야 할지를 알아야 합니다. 아브라함은 그의 시간과 공간 속에서 믿음의 삶을 살았습니다. 모세도 바로의 시대에 이집트와 광야에서 하나님이 원하시는 삶을 살았습니다. 다윗도 그랬습니다.

각각 시대와 공간은 다르지만 한 가지 공통점이 있습니다. 각자 주어진 시간 속에서 하나님께 반응하고 살았다는 것입니다. 이것이 바로 이 시기를 아는 것(롬 13:11)입니다.

본문에서 시기의 헬라어는 '카이로스'입니다. 의미 있는 시간, 특정한 시간이라는 뜻으로 '하나님의 때'를 가리킵니다. 긍정적으로 쓰이면 '기회'가 되지만, 부정적으로 쓰이면 '위험'을 의미합니다. 하나님의 때에 긍정적으로 반응하면 하나님의 사람이 될 수 있는 기회가 되지만, 반응하지 않는다면 굉장히 위험할 수 있다는 뜻입니다. 하나님이 역사하시는 때이기 때문입니다.

타락의
속도는
'빠름, 빠름, 빠름'이다

당신은 이 시대에 대해 얼마나 알고 있습니까? 이 시대에 가장 강력한 우상은 무엇입니까?

8월 한여름에 중국 서안을 거쳐 시닝에 다녀왔습니다. 시닝은 해발 2,800미터가 넘는 고원 도시로 겨울에는 춥고 여름에는 서늘한 날씨를 보여 '중국의 여름도시'라고 불리는 곳입니다. 달라이라마가 있는 티베트 라싸로 들어가는 길목이기도 합니다. 티베트족이라고도 불리는 장족藏族이 많이 사는데 티베트 불교 6대 사원 중에 하나가 그곳에 있습니다.

저는 원래 폐가 안 좋은데 고산지대라 다른 사람들보다 숨쉬기가 더 어려웠습니다. 그래서 할 수 없이(!) 비아그라를 복용했습니다. 다시 한 번 강조하지만 할 수 없이 먹어야만 했습니다. 비아그라가 혈관을 확장시켜 산소 공급을 원활하게 해 주기 때문에 의사들이 고산병 예방약으로 권한다고 합니다.

고원지대에 올라가면 기압이 낮아지기 때문에 산소 부족이 일어납니다.

그로 인해 두통, 구토, 식욕부진, 피로감 등의 고산병 증세가 나타납니다. 자 칫 잘못하면 고소폐부종과 같은 치명적인 질환에 걸려 죽기도 합니다.

거기서 티베트 불교를 봤습니다. 해발 3,900미터에 있는 청해호를 보기 위해 시닝 시내에서 자동차로 4시간을 달려가는 동안 기이한 장면을 목격했습니다. 뙤약볕 아래 아스팔트 위에서 절을 하며 가는 티베트 라마승들을 본 것입니다. 오체투지五體投地의 절을 하는데, 세 걸음마다 한 번씩 무릎을 꿇고 팔꿈치와 이마를 땅에 대고 절하는 방식입니다. 붉은 옷을 입은 승려들이 오체투지를 하며 라싸까지 6개월에 걸쳐서 간다고 합니다. 온몸을 던져서 기어가는 겁니다. 제 체력으로는 하루만 가도 죽을 것 같습니다.

사원에 들어갔더니 마룻바닥은 오체투지 하는 우상숭배자들 때문에 반짝반짝 윤이 났습니다. 얼마나 많이 했던지 움푹 파인 곳도 있었습니다.

장족의 인재들은 다 승려가 되려고 한답니다. 그래야 부와 명예를 누릴 수 있으니까요. 인재들이 헛된 우상을 섬기느라 6개월 동안 땅바닥에 머리를 대며 기어가다니 착잡했습니다. 하나님의 형상이 대체 땅바닥에서 무슨 짓을 하는 겁니까.

그런데 그곳에서 아주 재밌는 광경을 봤습니다. 불상 옆을 지키는 승려 둘이 아이폰 삼매경에 빠져 있는 것입니다. 한쪽에서는 몸을 날려가며 절하고 있고 또 한쪽에서는 아이폰으로 세계를 누비고 있습니다. 스티븐 잡스가 참 놀라운 일을 했다는 생각을 했습니다.

붉은 천을 두른 승려들이 벤츠를 몰고 시내로 가서 고기로 배를 채웁니다.

고산지대라 도를 닦으려면 고기를 먹어 줘야 한다고 합니다. 육식은 하지만 도살은 피하기 때문에 무슬림이 대신 도살을 맡아 상부상조하고 있습니다.

역시 우상 중에 최고 우상은 돈과 미디어입니다. 이 둘을 합친 게 '맘몬'입니다. 부와 명예를 얻기 위해 오체투지를 하며 승려가 되는 세상, 비아그라를 먹으며 견뎌야 하는 고산지대에서도 스마트한 세상을 즐기는 세상입니다. 스마트한 세상이 나쁘다는 게 아닙니다. 세상 정보의 '빠름, 빠름, 빠름'이 가져다주는 타락의 속도가 엄청나다는 것입니다.

당신의 시대를
얼마나
알고 있는가

손 안에 든 스마트폰의 노예가 되는 세상입니다. 당신은 얼마나 절제하고 있습니까? 저는 우리 교회 청년들에게 주일 예배 때 성경책을 꼭 들고 오라고 말합니다. 스마트폰으로 성경을 읽는 대신에 꼭 책을 읽으라고 합니다. 다른 날도 아니고 주일입니다. 하루쯤은 무거울지언정 책을 들고 오는 정성을 보일 수 있지 않습니까?

스마트폰으로 성경 읽다가 카톡 문자도 보내는 거 다 압니다. 주일 예배 만큼은 온전하게 드리십시오.

미국 워싱턴 주에서 동성결혼이 합법화되었다고 합니다. 동성결혼이 합법화되면 학교에서는 동성결혼에 대해 가르쳐야 하고, 목사님은 주례를 부탁

받을 경우에 거절하면 안 된답니다.

　미국에서는 결혼식 자체가 곧 혼인신고를 뜻하기 때문에 아무나 주례를 서지 못합니다. 반드시 라이센스를 가진 사람이 주례를 서야 하는데 대부분 교회에서 결혼식을 많이 하기 때문에 라이센스를 가진 목사님들이 많습니다. 그런데 동성커플이 목사님에게 주례를 부탁했는데 거절하면 택시 승차거부처럼 불법이 되는 것입니다.

　세계가 스마트폰으로 하나가 되는 세상인데 언제 우리나라에 이런 물결이 들어올지 알 수 없습니다.

　당신은 당신이 살아가는 이 시대를 얼마나 아십니까?

　저는 행복한 시대를 살았던 것 같습니다. 힘들고 가난했지만 정서적으로는 아름다웠던 시대입니다. 온 국민이 새마을 노래를 부르며 일꾼처럼 살았지만 그래도 나름대로 풍요로웠습니다. "진달래 먹고 물장구 치고 다람쥐 쫓던" 어린 시절이었습니다.

　그에 비하면 요즘 세대는 햄버거 먹고 닌텐도 하고 애니팡 깨는 시대를 살고 있습니다. 그동안 문명은 더 발달했을지 몰라도 정서는 오히려 가난해진 것 같아서 안타깝습니다. 앞으로 아이들이 살아갈 다음 시대를 생각하면 가슴이 아픕니다.

　성경만이 유일한 진리가 아니라고 가르치고, 예수 그리스도만이 구원이 아니라고 말하는 이 시대에 당신은 어떻게 살아가렵니까? 먹고 마시고 흥청거리지 마십시오. 스마트폰의 주인이 아닌 노예가 되는 삶을 살지 마십시오.

당신은 이것들을 제어하고 다스려야 합니다.

히포의 감독인 어거스틴은 "낮에와 같이 단정히 행하고 방탕하거나 술 취하지 말며 음란하거나 호색하지 말며 다투거나 시기하지 말고 오직 주 예수 그리스도로 옷 입고 정욕을 위하여 육신의 일을 도모하지 말라"(롬 13:13-14)는 말씀으로 변화되어 참회하고 주님께 돌아왔습니다. 기독교 역사의 한 획을 그은 어거스틴도 어둠 속에서 나와 낮과 같이 단정히 행하기 위해 자신과 싸웠습니다.

사사기의 끝과
같은 시대에
살다

우리는 어둠 속에서 나와야 합니다. 하나님의 때, 카이로스는 자다가 깰 때입니다. 왜냐면 우리의 구원이 처음 믿을 때보다 가까워졌기 때문입니다. 주님 나라가 가까이 왔다는 것입니다.

"밤이 깊고 낮이 가까웠다"(롬 13:12)는 것은 두 가지를 의미합니다. 하나는 밤이 깊어 많은 사람들이 잠자고 있다는 것입니다. 즉 영적으로 잠들어 있는 시대를 말합니다. 또 하나는 밤이 깊었으므로 곧 해가 밝을 것이라는 겁니다. 아침이 밝아옵니다. 곧 주님 나라가 임할 것입니다.

밤이 깊어 영적으로 잠자고 있는 이 시대에 당신은 지금 깨어나기 위해 노력하고 있습니까? 곧 밝아올 아침을 위해 빛의 갑옷을 준비하고 있습니까?

아니, 아침이 다가온다는 말을 믿습니까?

청년의 때는 근신의 시기입니다. 혈기를 다스려야 합니다.

노아의 홍수가 있기 전에 하나님의 아들들이 사람의 딸들을 보고 자기들이 좋아하는 모든 여자를 아내로 삼아서 육체가 되었습니다. 그로 인해서 하나님이 영으로는 영원히 사람과 함께하지 않겠다고 하셨습니다(창 6:2).

영적으로 하나님을 떠난 사람은 혈기가 왕성합니다. 자기 혈기대로 살아갑니다. 하나님의 다스림을 받지 않고 자기 혈기대로 쾌락을 좇아 삽니다. 이것이 죄의 본성입니다. 영적인 감각을 잃고 본능적 쾌락만을 좇는 시대입니다. 노아의 시대와 지금 우리의 시대가 꼭 닮지 않았습니까?

당신은 어떻게 살고 있습니까? 당신은 무엇을 붙잡고 있습니까? 하나님 앞에서 스스로를 다스리고 있습니까?

시대를 분변하십시오. 이 시대 속에서 자신이 무엇을 해야 할지 생각하십시오.

"방탕하거나 술 취하지 말며 음란하거나 호색하지 말며 다투거나 시기하지 말고"(롬 13:13)를 헬라어 성경으로 보면 둘씩 짝지어져 있는 것을 알 수 있습니다. 방탕과 술 취함, 음란과 호색, 다툼과 시기가 각각 짝이 되어 강조되었습니다.

여기서 방탕이란 '비스듬하게 기대어 눕다'라는 뜻입니다. 로마인들이 비스듬하게 기대어 누워 술 마시는 모습입니다. 그래서 방탕은 술 취함과 짝이 됩니다. 먹고 마시며 쾌락을 즐기는 것입니다.

연예인 모 커플이 혼전순결을 약속했다는 기사가 뜨니까 그 밑에 이런 댓글이 달렸다고 합니다.

"잘난 척하기는……, 요즘 시대가 어떤 시대인지 모르나 보지?"

세상사 참 묘합니다. 동성결혼은 인정한다면서 혼전순결은 왜 인정하지 않습니까?

'요즘 시대가 어떤 시대인지 모른다.' 바로 그겁니다. 요즘 시대가 그렇습니다. 하나님 앞에 정직과 순결과 양심을 지키는 걸 싫어하는 시대입니다. 믿음으로 산다고 하면 "바보, 병신!" 소리를 듣는 시대입니다. 각자 멋대로 살자고 하는 세상입니다. 사사기의 끝을 보는 것 같습니다.

기본만 행해도
신앙이
좋아 보이는 세상

시대를 막론하고 하나님이 원하시는 것을 하지 않는 게 죄입니다. 하나님이 당신에게 기대하는 것을 하지 않는 게 죄입니다.

이 시대에 당신은 어떻게 사시겠습니까? 뉴질랜드에 '헬피자Hell Pizza'라는 피자가게가 있습니다. 메뉴 이름을 단테의 《신곡》에 나오는 7가지 죄악에서 따왔다고 합니다. '탐식, 탐욕, 나태, 음란, 교만, 시기, 분노'입니다. 이곳에 가면 "음란 3판에 교만 1판 주세요" 하고 주문해야 합니다. 이런 걸 재미있어 하는 시대입니다.

저는 부흥의 시대를 맛본 사람입니다. 제가 젊었을 때는 빛나는 별과 같은 목사님들의 좋은 설교가 있어서 어디를 가든지 은혜를 받을 수 있었습니다. 철야기도와 새벽기도를 하고 금식하면서 경건의 훈련을 배웠습니다. 그런 훈련이 있었기 때문에 불교 집안에서 자란 제가 이렇게 하나님의 사람이 될 수 있었습니다. 제게는 은혜의 시대였습니다.

이제 50대 초반의 목사가 되어 영적으로 무너진 시대를 살아갑니다. 말씀이 무너지고 기도가 약해진 시대입니다. 당연한 것을 목에 핏대를 세워 가며 부르짖어야 하는 시대입니다.

"예배 시간에 늦지 마십시오. 말씀을 읽으십시오. 기도하십시오. 설교 시간에 함부로 나가지 마십시오."

그렇게 부르짖어도 별 변화가 없는 이 시대를 어떻게 합니까? 당신은 이 시대를 어떻게 살아가겠습니까?

몰라서 그렇습니다. 살아계신 하나님 앞에 기본이 무너진 것이 얼마나 무서운 건지 몰라서 그렇습니다.

얼마 전에 아내가 백과사전 20권을 꺼내더니 분리수거함에 갖다 넣어 달라고 했습니다. 두세 번은 왔다 갔다 해야 할 만큼 무거워 보였습니다.

"여보. 너무 무겁다. 다음에 하자."

"지금 다녀오세요."

단호한 대답에 큰아들과 함께 옮기기로 했습니다. 아이가 나름대로 머리를 써서 스케이트보드 위에 책을 얹어서 끌고, 저는 양손에 책 꾸러미를 들고

갔습니다. 그런데 별안간 소나기가 쏟아졌습니다. 책을 들고 뛰지도 못하고 고스란히 다 맞아야 했습니다.

그러자 큰아들이 투덜대기 시작했습니다.

"왜 나만 이렇게 버려야 해요. 친구들은 이런 심부름 안 해요. 나처럼 집안 일 많이 하는 애도 없다고요. 음식물쓰레기도 내가 버린단 말이에요."

잔뜩 약이 오른 큰아들을 보고 제가 한 마디 했습니다.

"너, 세례요한의 설교를 들어!"

큰아들이 무슨 영문인지 몰라 멀뚱거리며 쳐다봤습니다.

"독사의 자식아! 분리수거 잘 해라. 독사의 자식아! 줄을 잘 서라. 독사의 자식아! 컨닝하지 마라. 독사의 자식아! 차례 좀 지켜라. 독사의 자식아! 예배 시간 잘 지켜라. 독사의 자식아! 말씀을 읽어라. 독사의 자식아! 하루에 10분 이라도 기도 좀 해라."

하나님을 안다고 하면서 기본도 지키지 않는 녀석은 독사의 자식이라고 말해 주었습니다.

세례요한이 이 시대에 태어났다면 아마 그렇게 얘기했을 겁니다. 얼마나 무너졌으면 기본만 행해도 신앙이 좋아 보이는 세상이 되었을까요. 평균 하향된 세상입니다.

자기 고통을
짊어지고 가야
그리스도인이다

저는 감사하게도 훌륭한 목사님들의 말씀을 들으며 자랐습니다. 하나님이 기뻐하시는 기도를 하기 위해 애쓰는 마음을 배웠고, 하나님의 사람이 되는 것이 얼마나 자랑스러운 일인지를 배웠습니다. 그렇게 믿음의 선배들을 보고 자랐습니다. 그래서 이 시대가 더욱 안타깝습니다.

그러나 저는 기대합니다. 오늘도 살아 역사하시는 하나님이 이 시대를 사는 하나님의 자녀들을 부르고 계십니다. 하나님은 조급함 없이 역사를 만들어 가시는 분입니다. 지금 우리 시대가 무너진 것처럼 보이지만, 이 시대 속에서도 하나님은 분명히 움직이고 계심을 저는 믿습니다.

사울과 다윗은 나이차가 50년이 납니다. 다윗과 요나단도 실은 동년배 친구가 아니라 20년 차이가 나는 형과 아우입니다. 사울 왕 2년에 요나단이 전쟁터에 따라갔다는 기록이 있습니다. 스무 살이 넘어야 전쟁에 나갈 수 있습니다. 사울 왕 2년이면 다윗이 아직 태어나기도 전입니다. 사울이 80세에 죽을 때 다윗이 30세에 왕이 되었습니다.

사울이 나라를 망가뜨리고 있을 때 하나님은 다윗을 준비하고 계셨습니다. 엘리 제사장이 망가졌을 때 한나의 기도를 통해서 사무엘을 준비하셨습니다. 이스라엘 백성이 구원해 달라고 부르짖고 기도할 때 하나님은 모세를 준비시키셨습니다.

아프리카에서 선교대회가 열렸답니다. 한인 선교사님들이 모여서 서로 힘들고 고통스러웠던 일들을 나눴습니다. 대회를 마치면서 사회자가 이런 제안을 했다고 합니다.

"아프리카에서 고생하시는 우리 선교사님들이 더 이상 고통을 당하지 않고 편안하게 사역하실 수 있도록 합심하여 기도합시다."

바로 그때 마지막 순서로 발표했던 선교사님이 손을 들어 말했습니다.

"잠깐만요, 제 기도 제목을 잘못 이해하신 것 같습니다. 저는 고통을 없애 달라고 기도한 적이 없습니다. 다만 이 고통을 이겨 낼 수 있도록, 어려움을 이기고 나아갈 수 있도록 기도 요청합니다."

그렇습니다. 이것이 선교사의 기도입니다. 죄악이 가득한 세상에 사는 그리스도인에게 어려움이 없다면 과연 그게 믿음의 삶일까요?

"편안하게 해 주세요. 고통 없게 해 주세요"라는 기도가 실은 뭔지 아십니까? "빨리 천국 가게 해 주세요" 하고 기도하는 것과 같은 겁니다. 천국에 가야 고통이 없으니까요.

그리스도인은 자기 십자가를 지고 가는 사람들입니다. 고통과 어려움이 있을 수밖에 없습니다. 이 시대에 각자 감당할 몫이 있습니다. 그것을 짊어지고 가는 게 그리스도인입니다. 그렇게 자기 십자가를 지고 길을 나서면 하나님이 인도하고 동행해 주십니다.

그대,
하나님의
사람이여

　저는 불교 집안에서 태어나 믿음의 뿌리가 없습니다. 하지만 하나님은 그런 저를 불러서 주의 종으로 삼으셨습니다. 저는 믿습니다. 제 목회에 실패란 없습니다. 숫자가 목회의 성공을 말하는 게 아니기 때문입니다. 하나님이 스무 명을 맡기시면 그 스무 명과 함께 행복하게 믿음의 길을 갈 것입니다. 그것이 성공입니다. 하나님의 종이 행복하지 않다면, 하나님의 종이 주님으로 말미암은 기쁨을 누리지 못한다면 세상 것을 다 갖는다 해도 실패자입니다.

　소돔과 고모라에 의인이 열 명만 있었어도 구원받을 수 있었습니다. 의인 한 사람이 그렇게 중요합니다.

　당신이 그 한 사람인지 모릅니다. 당신이 그 열 명 중에 한 사람인지도 모릅니다. 기도하고 말씀 읽고 준비하십시오. 하나님이 당신에게 갈 길을 보여주실 겁니다. 여러분의 삶을 인도해 가실 것입니다.

　다른 사람들은 기도 안 하는 것 같고 말씀을 안 읽는 것 같은데 왜 나만 해야 하느냐고 불평하지 마십시오. 엘리야의 때처럼 숨겨진 7천 명이 분명히 어딘가에 있을 것입니다. 때가 되면 그들이 일어날 것입니다. 성령의 역사가 있을 것입니다.

　지금은 준비할 때입니다. 준비하십시오. 공부하고 기도하고 근신하고 준비하십시오. 예수 그리스도의 옷을 입으십시오. 경건의 모양만 있지 말고 경건

사랑한다

의 능력을 갖도록 기도하고 준비하십시오.

결단하십시오. 시간을 정해 놓고 날마다 기도하십시오. 당신의 인생을 위해, 교회를 위해, 나라를 위해, 하나님 나라를 위해 기도하십시오.

담배나 술을 끊는 게 힘들다면 씨름하지 마십시오. 그냥 기도하고 말씀을 읽으십시오. 저도 하루에 담배 2갑씩 피우면서 성경 읽다가 끊었습니다. 하나님의 말씀은 단순한 지식이 아닙니다. 말씀은 능력이요 살아계신 하나님의 역사입니다.

믿음의 사람이 필요한 때입니다. 모세는 80년 동안 준비했습니다. 이스라엘 백성을 광야로 끌어내야 했기 때문에 광야에서 40년을 앞서 배웠습니다. 그러니 모세의 광야에서의 유배 40년도 사실은 앞서가는 40년이었습니다. 모세는 철저히 훈련된 다음에 쓰임을 받았습니다. 훈련되지 않은 자는 쓰일 수 없습니다. 경건하지 않은 자는 쓰일 수 없습니다. 하나님을 두려워하지 않는 자는 쓰일 수 없습니다.

정신 차리십시오. 빛의 갑옷을 입으십시오. 음란한 데에 눈을 빼앗기지 마십시오. 눈만 빼앗기는 게 아니라 인생이 송두리째 빼앗기기 때문입니다.

당신 안에 사울 시대의 다윗이 있고, 엘리 제사장 시대의 사무엘이 있고, 이집트 시절의 모세가 있습니다. 저같이 불교 집안에 태어나서 복음이라고는 들어 본 적도 없는 자를 쓰시는 하나님이십니다. 하나님이 당신을 찾으십니다. 하나님을 향해 기도하며 애쓰고 나아간다면 다음 시대를 바꾸는 하나님의 사람이 일어나지 않겠습니까? 왜 안 일어나겠습니까?

지금은 한가로이 즐길 때가 아닙니다. 영화 보고 시시덕거리고, 음란한 것을 보면서 쾌락을 찾을 때가 아닙니다. 사방이 고요하고 하늘이 맑다고 해서 안심하지 마십시오. 태풍이 오기 전에 가장 고요하고 맑습니다. 성경은 항상 종말을 얘기하고 있습니다. 우리가 깨어있지 않으면 악한 영의 궤계가 우리 삶을 송두리째 바꿀 수도 있습니다.

예수 그리스도를 입으십시오. 성령으로 무장하고 싸우십시오. 그리고 당신 안에 사무엘과 다윗과 모세를 깨우십시오.

당신은 자신이 누구인지 모를지라도 저는 당신이 누구인지 압니다. 당신은 다음 세대를 준비해야 할 사람입니다.

그대, 하나님의 사람이여! 깨어나십시오.

환난과 시험을 만나도 쫄지 마십시오.

마귀가 좋아합니다. 당신이 부르르 떠는 순간 사단이 '옳다구나' 손뼉을 칩니다.

환난도 어려움도 하나님 안에서는 다 은혜입니다.

하나님이 당신을 순금 같이 만드시는 중입니다.

하나님이 원하시는

삶의 자리로 돌아가기로 결단한

당신을 응원합니다.